Tradução e edição de obras hispano-americanas em Portugal

Isabel Araújo Branco

Tradução e edição de obras hispano-americanas em Portugal

PETER LANG

Bibliographic Information published by the Deutsche Nationalbibliothek
The Deutsche Nationalbibliothek lists this publication in the Deutsche Nationalbibliografie; detailed bibliographic data is available online at http://dnb.d-nb.de.

«Pro Poeta 24 Abril 3», by José Araújo.

Printed by CPI books GmbH, Leck

ISBN 978-3-631-81959-3 (Print)
E-ISBN 978-3-631-81960-9 (E-PDF)
E-ISBN 978-3-631-81961-6 (EPUB)
E-ISBN 978-3-631-81962-3 (MOBI)
DOI 10.3726/b17041

Peter Lang – Berlin · Bern · Bruxelles · New York · Oxford · Warszawa · Wien

This publication has been peer reviewed.

www.peterlang.com

Para a Ana

Agradeço a orientação, confiança e amizade da Professora Maria Fernanda de Abreu.

Agradeço a todos os que me apoiam diariamente, de todas as maneiras possíveis, em especial à Rita Almeida Simões, à Inês Zuber, à Ângela Fernandes, à Rita Marques, à minha mãe e ao meu pai.

Índice

Introdução

Lisboa foi, em 2017, Capital Ibérica e Ibero-Americana da Cultura. Uma das peças teatrais criadas expressamente para serem integradas na programação deste grandioso evento foi *O Estranho Caso do Bigode Irónico – Investigação sentimental sobre a vida e obra de Mario Benedetti*, escrito, encenado e interpretado por Francisco Gomes, com base na vida e obra de Benedetti. O uruguaio é considerado um autor fundamental das literaturas hispano-americanas, com mais de 41 títulos de poesia, cerca de 30 de narrativa, 22 de ensaio e um de teatro. Contudo, como o próprio Francisco Gomes comentava numa entrevista sobre a sua peça, Benedetti é praticamente ignorado em Portugal, justificando o tema escolhido: «Precisamente por não ser conhecido e fazer todo o sentido nesta empreitada dar a conhecer a obra do autor, mostrá-la, encarná-la e dizê-la[1].» De facto, Benedetti foi publicado pela primeira vez em 2007 e actualmente conta com três títulos, todos de narrativa: *A Trégua* (2007), *Obrigada pelo Lume* (2016) e *A Borra de Café* (2016).

Outra peça criada para a Lisboa 2017 foi *Storni-Quiroga*. Escrita por Ricardo Cabaça, aborda a relação amorosa e literária entre o também uruguaio Horacio Quiroga e a argentina Alfonsina Storni no início do século XX. Explica o dramaturgo:

> Conhecemos mal [Storni y Quiroga]. A obra do Horacio Quiroga ainda é conhecida, porque foram publicados, se não me engano, quatro livros – ou seja, ainda temos acesso a essas traduções. No caso da Alfonsina, que eu tenha conhecimento, não foi feita nenhuma tradução, sendo um nome que muito pouca gente conhece cá. [...] Por um lado, o objetivo era trazer a obra deles, as biografias, e tudo aquilo que os envolve para o universo português, e, claro, partindo desta premissa fazer uma obra ficcionada em torno dos dois[2].

---

1 «As cartas de amor de Francisco Gomes dão-nos a conhecer benedetti em "O Estranho Caso do Bigode Irónico"» in *Casa da América Latina*, disponível in http://casamericalatina.pt/2017/05/25/as-cartas-de-amor-de-francisco-gomes-dao-nos-a-conhecer-benedetti-em-o-estranho-caso-do-bigode-ironico/, consultado a 2 de Janeiro de 2019.

2 «Entrevista com Ricardo Cabaça: O mar e a selva invadem o palco em "Storni-Quiroga"» in *Casa da América Latina*, disponível in http://casamericalatina.pt/2017/04/20/entrevista-com-ricardo-cabaca-o-mar-e-a-selva-invadem-o-palco-em-storni-quiroga, consultado a 2 de Janeiro de 2019.

Temos, portanto, outros dois autores hispano-americanos canónicos, ambos praticamente desconhecidos em Portugal. Que lugar ocupa, então, a edição de escritores do subcontinente no panorama português? O Caso de Benedetti, Quiroga e Storni são excepções ou exemplos paradigmáticos? Estará relacionado com o Cone Sul? Que escritores foram publicados e em que datas? Dar resposta a estas e outras questões é o objectivo fundamental deste trabalho.

Para isso recorreremos à Teoria dos Polissistemas – em particular aos estudos de Itamar Even-Zohar e José Lambert –, mas também a dois académicos que a antecederam: Iuri Tinianov e Iuri Lotman. No primeiro capítulo vamos recordar algumas concepções destes autores que posteriormente aplicaremos à nossa investigação.

No segundo capítulo, abordamos as edições de autores literários hispano-americanos em Portugal. O ponto de partida é o levantamento de todos os títulos publicados, seguido da análise dos autores e das editoras envolvidas. Aqui, é fundamental assinalar o grande número de escritores do «cânone» hispano-americano que não foram traduzidos, bem como as datas das edições portuguesas, em geral bem posteriores às das publicações originais. Será ainda analisada, em particular, a colecção «Mil Folhas» do jornal *Público* e um conjunto de traduções de obras hispano-americanas publicadas em Portugal.

Com base no referido levantamento de obras traduzidas, bem como na edição de ensaios sobre a América Hispânica, de críticas literárias na imprensa periódica e na análise das instituições mais relevantes neste processo, apresentamos no Capítulo III um panorama da dinâmica do polissistema português desde as últimas décadas do século XX ao início do século XXI, em particular a sua relação com os países da América Hispânica. Veremos como o panorama se foi alterando e como as literaturas hispano-americanas têm vindo a ocupar lugares menos periféricos nos últimos anos, em parte devido a casas editoriais de dimensão pequena ou média.

I. A teoria dos polissistemas

I.I. A teoria dos polissistemas e a tradução

A teoria dos polissistemas tem vindo a ser aplicada em várias áreas, mas com particular impacto nos estudos de tradução. Atentemos, pois, em três textos de Even-Zohar e Lambert sobre o tema, considerando que vamos analisar o polissistema português e o sistema da tradução de textos literários hispano-americanos.

Como indica Itamar Even-Zohar no artigo «Translation Theory Today: A Call for Transfer Theory», os procedimentos de tradução entre dois sistemas (línguas/literaturas) são em princípio semelhantes ou mesmo homólogos, com transferências de vários tipos dentro das fronteiras do sistema:

> as systems are no longer conceived of as homogeneous, static structures, transfer mechanisms, that is, the procedures by which textual models in one system are transferred to another, from canonized to non-canonized literature for example, constitute a major feature of systems. (Even-Zohar 1981: 2)

O autor analisa a questão da «secundarização» dos modelos primários e afirma que a tradução não é um procedimento marginal dos sistemas culturais. O processo de decomposição e recomposição entre dois discursos em duas línguas tem uma natureza tradutória. Contudo, quando o resultado desta tradução não está de acordo com as relações pré-postuladas, nomeadamente quando não se verifica a abertura omissão/amplificação, o produto da tradução é classificado como adaptação ou imitação e empurrado para fora do universo da teoria da tradução. Para Even-Zohar, no entanto, a maioria dos produtos da tradução está fora dos limites da teoria da tradução, o que constitui um obstáculo para o seu desenvolvimento. Uma das suas desvantagens é o facto de isolar os textos traduzidos de muitos outros tipos de textos e não permitir à teoria da tradução resolver uma série de questões.

Even-Zohar sustenta que todos os produtos resultantes dos procedimentos tradutórios devem ser encarados como traduções, sem conclusões normativas. Esta posição tem duas consequências. Em primeiro lugar, é necessário reformular o problema da traduzibilidade: em que circunstâncias e de que forma um enunciado alvo/texto *b* está relacionado com o enunciado fonte/texto *a*. Isto leva à seguinte questão: como e porque é que a característica *x* de um enunciado alvo se relaciona com a característica *x* do enunciado fonte? Em segundo lugar, aceitando todo o tipo de relações entre sistemas-fonte e sistemas-alvo, há que aplicar esta proposta aos modelos gerais: «So far, actual text translations have only been admitted as legitimate objects for theoretical induction, while the whole intricate problem of system interference, through which models are transplanted from one system to another, has been ignored.» (Even-Zohar 1981: 2)

O autor defende que o princípio do processo tradutório implica certos procedimentos dele dependentes. Nem todos os casos de amplificação/redução, implicação/explicação ou simplificação/complicação são produzidos pelos modelos/normas de governação do sistema de tradução ou parte dele. Se o procedimento de tradução for reconhecido como uma restrição activa, provavelmente torna-se possível localizar com mais precisão os factores operacionais inter- e intra-sistémicos de forma a explicar os padrões gerais e individuais de comportamento.

Even-Zohar acaba por apresentar um conjunto de nove hipóteses de tradução/transferência, a que chama regras de transferência/tradução. A primeira corresponde à ideia de que a teoria da tradução será mais adequada se se tornar parte da teoria geral de transferências. As seguintes regras definem que as transferências inter- e intra-sistémicas devem ser consideradas homólogas e que o produto da transferência (o texto ou enunciado traduzido) não é admitido enquanto tal se determinadas relações pré-postuladas forem garantidas. Como produto transferido, são consideradas as relações entre texto-fonte e texto-alvo e entre textos-alvo rastreáveis para modelos-fonte. A pergunta que deve ser feita é como e porquê é que as características do enunciado-alvo são relacionáveis com as características do enunciado-fonte, presumindo que o princípio de transferência deve ser visto como um procedimento, que, devido à decomposição e à recomposição inevitáveis, processa os textos ou enunciados para que estes se comportem de uma forma diferente da fonte. Este procedimento é o princípio mais básico do enunciado-alvo, sendo que as especificações desse processo são determinadas por uma hierarquia complexa de restrições semióticas. As mais fortes são constituídas por modelos governados pelas oposições de posicionamento dentro do polissistema-alvo. Por fim, um enunciado-alvo *b* será produzido de acordo com os procedimentos de transferência e as restrições impostas pelas relações intra-enunciados do polissistema. Estas regem e são regidas pelo repertório-alvo do polissistema de modelos existentes e inexistentes.

Como Even-Zohar explica em «La posición de la literatura traducida en el polisistema literario», as obras traduzidas inter-relacionam-se pelo menos de duas maneiras. Por um lado, pela forma como os textos de origem são seleccionados pela literatura receptora, visto que «nunca hay una ausencia total de relación entre los principios de selección y los co-sistemas locales de la literatura receptora» (Even-Zohar 1999: 224). Por outro, pelo modo como são adoptados hábitos, normas e critérios (a utilização do repertório literário), fruto das suas relações com outros co-sistemas locais. Estas relações não são exclusivamente linguísticas, estendendo-se a todos os níveis de selecção. «De esta forma, la literatura traducida puede poseer un repertorio propio y hasta cierto punto exclusivo» (Even-Zohar 1999: 224), pontua o autor, salientando que esta forma corresponde ao sistema mais activo dentro de qualquer polissistema e que a sua posição central ou periférica, bem como a sua relação com repertórios inovadores (primários) ou conservadores (secundários) dependem da ordenação específica do polissistema em questão.

Ocupando essa posição central, a literatura traduzida desempenha um papel fundamental na configuração do centro do polissistema, fazendo parte das forças inovadoras e constituindo um dos factores mais importantes na história literária. Even-Zohar explica que:

> en el momento en que emergen nuevos modelos literarios, la traducción suele convertirse en uno de los instrumentos de elaboración del nuevo repertorio. A través de obras extranjeras se introducen en la literatura local ciertos rasgos (tanto principios como elementos) antes inexistentes. Así se incluyen posiblemente no solo nuevos modelos de realidad [...], sino también toda otra serie de rasgos, como un lenguaje (poético) nuevo o nuevos modelos y técnicas compositivas. (Even-Zohar 1999: 225)

Os critérios de selecção das obras traduzidas são determinados pelo polissistema local, visto que os textos são escolhidos tendo em conta a sua compatibilidade com as novas tendências e com o papel supostamente inovador que podem assumir dentro da leitura receptora. É possível definir três tipos de condições geradoras de uma situação deste tipo: quando um polissistema ainda não se cristalizou, quando uma literatura está em processo de construção; quando uma literatura é periférica ou débil; ou quando existem pontos de inflexão, crise ou vazios literários numa literatura. No primeiro caso, a literatura traduzida satisfaz a necessidade de uma literatura jovem de pôr em funcionamento a sua língua recentemente renovada ou criada, beneficiando da experiência de outras literaturas. A literatura traduzida torna-se, assim, um dos seus sistemas mais importantes. Acontece o mesmo no segundo caso. Em consequência, frequentemente essas literaturas não desenvolvem todas as actividades literárias e pode faltar-lhes um repertório de que acreditam necessitar.

Dentro de um grupo de literaturas nacionais inter-relacionadas, como é o caso das literaturas europeias, estabelecem-se relações hierárquicas desde o início. Algumas ocupam posições periféricas, o que significa que foram configuradas a partir de uma literatura exterior. Para estas, a tradução literária é um meio para incorporar um repertório na moda e reajustar e proporcionar novas alternativas. Assim, «mientras que las literaturas más ricas o fuertes tienen la opción de adoptar novedades de algún sistema periférico dentro de sus propios límites, para tales casos las literaturas "débiles" con frecuencia dependen estrictamente de la importación» (Even-Zohar 1999: 227). Vão surgindo pontos de inflexão, momentos históricos em que os modelos estabelecidos não são aceites pelos mais novos, em que pode mesmo ocorrer uma recusa de todos os elementos do repertório. Nessa altura, a literatura traduzida pode assumir uma posição central, inclusive nas literaturas centrais.

Ocupando uma posição periférica, ou seja, constituindo um sistema periférico dentro do polissistema, a tradução literária costuma utilizar modelos secundários e não influencia os processos mais importantes. É, portanto, um factor de conservadorismo, aderindo a normas recusadas pelo novo centro estabelecido e deixando de manter relações efectivas com os textos originais. Estamos perante um paradoxo: «la traducción, gracias a la cual es posible introducir nuevas ideas, elementos o características en una literatura, se constituye en un medio de preservar el gusto tradicional.» (Even-Zohar 1999: 228)

Even-Zohar defende que, como sistema, a literatura traduzida está, em si mesma, estratificada: uma secção pode assumir uma posição central e outra permanecer na periferia. Esta situação explica-se pela relação entre os contactos literários e a posição da literatura traduzida. Se as interferências forem fortes, a literatura traduzida que procede de uma literatura-fonte importante tende a assumir uma posição central. Contudo, a posição «normal» da literatura traduzida tende a situar-se na periferia. Por outro lado, nenhum sistema pode estar em constante estado de debilidade, ponto de inflexão ou crise, nem todos os polissistemas se estruturam da mesma forma e as culturas diferem de forma significativa.

A principal tarefa do tradutor reside, de acordo com Even-Zohar, em procurar modelos pré-estabelecidos no repertório local e, simultaneamente, transgredir as convenções locais. Nesse caso, «las posibilidades de que la traducción resulte próxima al original en función de su adecuación (en otras palabras, que reproduzca las relaciones textuales que predominan en el original) son mayores que en otras situaciones» (Even-Zohar 1999: 230). Para a literatura receptora, as normas de tradução adoptadas podem parecer estranhas ou revolucionárias, mas, se a nova corrente se impuser, o repertório da literatura traduzida pode ser enriquecida e tornar-se mais flexível:

> Los períodos de grandes cambios en el sistema local son en realidad los únicos en los que un traductor puede ir más allá de las opciones que le ofrece su repertorio local establecido, deseando probar un modo diferente de construir sus textos. Recordemos que en condiciones de estabilidad los elementos de los que carece una literatura receptora

> pueden no ser transferidos si el estado del polisistema no permite innovaciones. (Even-Zohar 1999: 230)

Se a literatura traduzida ocupar uma posição periférica, o seu comportamento é diferente. Neste caso, o tradutor deve encontrar os melhores modelos secundários estabelecidos para o texto traduzido, embora, com frequência, acabe por fazer uma tradução inadequada ou se verifique uma maior discrepância entre a equivalência obtida e a adequação postulada. O estatuto socioliterário da tradução e a própria prática da tradução dependem da sua posição dentro do polissistema. A tradução é, portanto, «una actividade que depende de las relaciones establecidas dentro de un determinado sistema cultural» (Even-Zohar 1999: 231).

No artigo «Literatura, Traducción y (Des)colonización», José Lambert sublinha que nenhuma sociedade é totalmente homogénea ou estática e que, em algumas sociedades, o princípio de reorganização depende do conflito entre novos e velhos princípios de legitimação. As línguas não partilham as fronteiras políticas, o que permite a existência de movimentos dinâmicos nas tradições literárias e culturais. «Los bien conocidos procesos de internacionalización y las continuas redefiniciones de las sociedades deben mucho más a las traducciones y a la comunicación de lo que hasta ahora se creía» (Lambert 1999: 258), reforça o autor. Uma das estratégias funcionais da tradução consiste em evitar ser identificada como texto estrangeiro. Outra estratégia é diferenciar-se do que se presume ser uma tradução.

Lambert considera que é preciso atentar nos textos que não foram traduzidos e nos princípios aplicados na selecção e no tratamento dos textos, pois frequentemente têm mais impacto os fragmentos textuais, as palavras isoladas e as expressões coloquiais do que textos inteiros e bem identificados. As suas próprias origens importadas podem ter caído no esquecimento. Como salienta o investigador:

> La traducción amenaza sobre todo a la propia idea de existencia de construcciones bien definidas y coherentes al cien por cien, y precisamente por ello la traducción, como parte del inconsciente colectivo, es también parte de la dinámica cultural. (Lambert 1999: 260)

As traduções costumam depender do ambiente político dominante, podendo ser incluídas nos modelos «coloniais» em bastantes ocasiões. Não há dúvida de que as relações literárias acompanham as flutuações das relações políticas. Há que estudar, sim, como e quando as actividades de tradução estão submetidas aos princípios políticos e até que ponto apresentam características coloniais. «Las normas de traducción pueden ser predominantemente lingüísticas, o religiosas, o políticas, pero nunca pertenecen exclusivamente a la esfera del lenguaje o la literatura» (Lambert 1999: 262), refere Lambert, salientando que a tradução depende de princípios convencionais que são simultaneamente princípios de valor e que é comum encontrar situações de justaposição de princípios de valor procedentes de diferentes quadros culturais: «las oposiciones o conflictos de valor pueden llegar a ser sistématicas en cuestiones de tratamiento léxico, sintáctico, socio-cultural, genérico, y demás.» (Lambert 1999: 263) É possível prever algumas tendências, como o tratamento de nomes estrangeiros ou de dialectos. O sistema receptor tende a dominar o sistema-fonte, convergindo o texto importado em legível (convencional) segundo os seus próprios princípios. Lambert chama a atenção para as fortíssimas implicações políticas do dilema fonte/receptor/intermediário. Ao tratar as traduções segundo as suas próprias normas mais do que de acordo com as normas do texto estrangeiro, a sociedade receptora consegue manter alguma autonomia.

Um texto pode ser distribuído ou traduzido seguindo as ordens de agentes políticos ou sob a sua influência ou supervisão. As importações culturais podem ser proibidas selectivamente (no caso da censura) ou sistematicamente (total proteccionismo). A questão está em saber onde se encontra o poder político. «El origen y la historia de la institución política [...] decide si la traducción resulta subversiva o no» (Lambert 1999: 268), assinala Lambert, dando importância à distinção entre normas políticas de tipo colonial e outras, bem como à diferenciação entre estruturas políticas mais ou menos autónomas. Se a iniciativa for tomada pelas instituições políticas (caso dos textos religiosos), a tradução e o livro são supervisionados pelos «comissionados». Quem encomenda ordena e paga. As relações entre as instituições políticas e os processos de tradução podem ser limitadas, agressivas ou quase totais, embora, mesmo neste último caso:

> nunca existe una subordinación completa de la comunicación traducida a los principios políticos. Hasta la censura más estricta no logra ser absoluta [...], y además en muchas sociedades la censura es más estricta para la producción autóctona que para la traducción. [...] las traducciones tienden a escapar de la censura al menos parcialmente y a menudo mejor que los escritos de la población autóctona. (Lambert 1999: 269)

O autor considera que todas as sociedades têm uma importação selectiva, visto que a censura começa como autocensura, na própria produção textual[3].

---

3 Quando analisarmos o polissistema português, verificaremos a mudança na perspectiva política das obras cubanas publicadas em Portugal, até aos anos 1990 mais próximas do regime e depois disso mais conotadas com os dissidentes. Esta transformação relaciona-se com alterações políticas ocorridas em Portugal e no mundo e

Há que saber se as traduções têm regras específicas ou não e se estas mudam de acordo com o poder político ou as fronteiras políticas. Contudo, Lambert afirma que as fronteiras políticas normalmente não afectam as estratégias de tradução e que outras instituições podem exercer uma forte influência. É o caso de empresas privadas, em particular multinacionais, que organizam as suas traduções no quadro internacional.

Lambert aborda a distinção entre tradução, imitação e adaptação, partindo da ideia de que a tradução é um fenómeno de importação e exportação, ou seja, um fenómeno económico: «pocas actividades de traducción podrían sostenerse sin al menos el apoyo de principios económicos, incluso cuando el traductor no recibe ningún pago.» (Lambert 1999, 272) Os movimentos de importação e exportação correspondem, pois, às relações entre os sistemas e os seus movimentos.

O investigador aponta um conjunto de quinze regras básicas de importação e exportação aplicadas à troca entre as tradições culturais, que devem ser vistas como hipóteses e entrar em conflito entre si e que podem ainda ser aplicadas apenas a algumas situações e não a todas. Em primeiro lugar, os sistemas activos de exportação estão numa posição de poder do ponto de vista dos sistemas passivos de importação. Isto aplica-se essencialmente ao discurso não traduzido, que leva as populações a adaptar-se à língua e às normas dos visitantes. Segunda norma: as diferenças profundas nas relações de poder costumam suster importantes diferenças nos estados de desenvolvimento e favorecer o domínio em várias áreas relacionadas e a importação surge em pacotes amplos e indiferenciados (antologias, por exemplo). As seguintes regras indicam que, quanto mais uma sociedade importa produção textual, mais tende para a instabilidade e, quanto mais importe de uma sociedade vizinha, mais aprofunda a sua posição de dependência. Quanto mais produção textual exportar, mais estável ficará. Caso o vizinho exportador for vizinho no tempo e no espaço, mais provável será a absorção do sistema importador pelo sistema exportador. Quanto mais unidireccional seja a relação de importação/exportação, mais ela dependerá do seu *Big Brother*. A oitava norma define que, se o sistema receptor faz parte de um grupo de sistemas receptores que tomam emprestados os seus produtos culturais de um mesmo sistema exportador, ficará ainda mais subordinado a uma rede coerente e a uma hierarquia com outros sistemas receptores mais débeis. Exemplo disso é a tradução indirecta. Quanto mais estáticos são estes participantes em termos

---

com o aparecimento de editoras com uma linha mais distante da esquerda. Portanto, a selecção de obras traduzidas faz-se, também aqui, em função do conteúdo político.

de tempo e espaço, mais dependentes ficam do seu *Big Brother*; quanto mais móveis, mais possibilidades ganham de estabelecer princípios de importação multilaterais e autónomos. As migrações favorecem a passividade ou a importação, ao passo que o biculturalismo ou multiculturalismo activos implicam a possibilidade mental e física de optar por mais de uma tradição, conservando uma relativa autonomia. Neste caso, a importação é mais selectiva do que imposta. Daí a distinção entre exílio activo (decisão livre) e exílio passivo (provocado por uma necessidade). O exílio pode ser apenas físico, físico e mental ou predominantemente político, cultural ou linguístico, mas não pode ser concebido como uma «totalidade». O grau e o alcance do biculturalismo estão relacionados com o nível de conforto. Chegados ao final das regras, encontramos a seguinte: a selecção activa ou passiva das escalas de valores pode ser interpretada como sintoma da autonomia ou da colonização do sistema. Por fim, a derradeira norma define que qualquer tipo de discurso explícito sobre o fenómeno da importação (tradução) provavelmente se dá do lado do exportador mais do que do importador.

Lambert sublinha que:

> el problema reside en la construcción de escalas de valores y jerarquías y, en segundo lugar, en su origen foráneo, prestado o impuesto. Los valores y los principios autóctonos tienen más posibilidades de ser aceptados por una comunidad dada que los importados, del mismo modo la importación sistemática y excesiva cuenta con más posibilidades de ser rechazada –al menos después de un período de dominación– que la importación ecléctica y libremente seleccionada. De hecho, la traducción [...] se encuentra fuertemente sometida a la organización básica de las sociedades en general, y en especial a su homogeneidad/heterogeneidad. (Lambert 1999: 275–276)

O autor salienta que a tradução não pode ser separada de outros movimentos de importação e que constitui uma parte do processo de colonização geral, podendo funcionar como fenómeno autónomo ou isolado. Contudo, é possível igualmente que os movimentos de tradução façam parte de processos de descolonização, como aconteceu na América Latina.

*

Chegados a este ponto, é tempo de analisar o polissistema português e, em concreto, os sistemas das literaturas hispano-americanas no seu âmbito, num capítulo sobre as edições e traduções em Portugal de autores literários da outra margem do Atlântico e noutro sobre as dinâmicas verificadas desde as últimas décadas do século XX ao início do século XXI.

II. EDIÇÃO E TRADUÇÃO EM PORTUGAL DE AUTORES LITERÁRIOS HISPANO-AMERICANOS

Neste capítulo analisaremos a edição em Portugal de autores literários hispano-americanos até ao fim de 2011, apoiando-nos num levantamento por nós realizado, de forma o mais exaustiva possível, a partir da consulta da Porbase, das bases de dados da Biblioteca Nacional e de várias bibliotecas municipais, de páginas de internet de editoras e livreiros e de bibliotecas pessoais[4]. Seria muito útil conhecer as tiragens de cada obra, mas essa informação, embora obrigatória, não é indicada por quase nenhuma chancela. Um dos nossos objectivos é verificar que autores e obras hispano-americanas estão publicados em Portugal, de forma a definir repertórios literários e repertórios culturais gerais, segundo as concepções da teoria dos polissistemas. No Capítulo III, veremos os «produtos sociossemióticos» daqui decorrentes, utilizando a terminologia de Itamar Even-Zohar. Nesse sentido, procuraremos esboçar um «cânone» das literaturas da América Hispânica e verificaremos quais desses autores estão publicados em Portugal (com que obras e em que datas). Nos passos seguintes, analisamos os catálogos editoriais, o caso concreto da colecção «Mil Folhas» do jornal *Público* e, finalmente, faremos uma apreciação crítica de traduções de algumas obras hispano-americanas realizadas em Portugal.

Antes de avançar, parece-nos importante fazer um esclarecimento inicial: apesar de habitualmente se falar em «edições», a designação correcta é, na maioria dos casos, «reimpressão», visto que, em rigor, uma nova edição implica a introdução de alterações nos textos, situação que raramente ocorre. Decidimos, assim, adoptar a expressão «impressão» ou «reimpressão» quando na verdade se trata de tal, ainda que não coincida com a designação das casas editoriais.

4 Optámos por Dezembro de 2011 como final do nosso levantamento, tendo em conta que o Prémio Nobel da Literatura foi atribuído ao peruano Mario Vargas Llosa em 2010, o que constitui um marco na consagração internacional das literaturas hispano-americanas, facto que tem também uma projecção editorial imediatamente posterior.

II.I. Edição em Portugal

II.I.I. Autores

Para definir, não um cânone, mas um conjunto de autores que poderão fazer parte de um cânone das literaturas hispano-americanas, decidimos esboçar uma lista de escritores que pudessem constituir esse «cânone», com base em quem recebeu os prémios Nobel da Literatura e Cervantes, bem como naqueles que são destacados em três importantes histórias de literatura.

No primeiro caso, optámos por estas distinções, por serem dois dos poucos prémios que abrangem o âmbito hispânico com divulgação nos meios de comunicação mundiais e portugueses, o que contribui para o aumento do interesse de editoras e do público em geral. De facto, todos os autores hispano-americanos que receberam o Nobel estão publicados em Portugal: Gabriela Mistral, Miguel Ángel Asturias, Pablo Neruda, Gabriel García Márquez, Octavio Paz e Mario Vargas Llosa. No entanto, a publicação destes escritores é desequilibrada. Se García Márquez e Vargas Llosa têm quase todas as suas obras traduzidas e vendem milhares de exemplares anualmente, Gabriela Mistral – que inclusive viveu em Lisboa e dedicou poemas à cidade – tem publicadada apenas uma *Antologia Poética* (da Teorema, com reimpressões muito recentes, de 2002 e 2006). O facto de Mistral ser poeta poderá ajudar a compreender esta publicação tardia e deveras incompleta.

Por seu lado, Miguel Ángel Asturias tem sete das suas obras mais importantes publicadas em Portugal: *Lendas da Guatemala*, *Fim de Semana na Guatemala*, *O Espelho de Lida Sal*, *Furacão*, *O Papa Verde*, *Homens de Milho* e *O Senhor Presidente*. Este último foi publicado inicialmente pela Dom Quixote em 1968 e republicado pelo Círculo de Leitores em 1974 e, mais recentemente, pela Diário de Notícias em 2003, integrado na colecção «Prémio Nobel». As três chancelas utilizam a tradução de Pedro Lopes de Azevedo. Este romance é um dos mais aclamados no conjunto da obra de Asturias e da chamada «novela de dictadura hispanoamericana». *Lendas da Guatemala* foi a única obra a ser republicada em 1967 e 1968, ou seja, no ano em que o autor recebeu o Nobel e no seguinte. Confirma-se, portanto, que este galardão contribui para a divulgação da literatura que premeia e para a venda de exemplares e, como tal, para a decisão de publicação da editora. Aliás, 1967 é o ano da primeira publicação de Asturias em Portugal, concentrando-se as saídas posteriores nos anos seguintes, até 1971, essencialmente na colecção «Romances exemplares» da Dom Quixote. Refira-se que o título português *Furacão* se deverá muito provavelmente a uma estratégia de *marketing*: no romance, não se dá nunca um furacão, apenas vento forte, aquele que é indicado no título original, *Viento fuerte*. Sublinhamos que estas edições se concentram nos anos posteriores à atribuição do prémio[5].

Pablo Neruda é um dos autores hispano-americanos com mais presença em Portugal, com edições desde 1964 até aos nossos dias. Neruda é poeta e, no entanto, não sofre com o possível desinteresse dos leitores portugueses em relação à poesia. Tal dever-se-á certamente, pelo menos em parte, a dois factores que aprofundaremos mais à frente: o impacto no polissistema português do processo político vivido no Chile com o governo de Salvador Allende (apoiado por Neruda) e a instauração de uma violentíssima ditadura liderada por Augusto Pinochet, mas igualmente a impressionante popularidade do filme *O Carteiro de Neruda*, adaptação cinematográfica de *Ardiente paciencia*, novela de Antonio Skármeta, que, na década de 1990, contribuiu para a projecção do poeta junto de novas gerações. Constituindo, de certa forma, um símbolo do Chile democrático derrotado pelo golpe de Estado, Neruda tornou-se um «paradigma de varias generaciones» (Kovadloff 1974: 90), como indica Santiago Kovadloff, ou seja, uma referência principalmente para os militantes e simpatizantes de esquerda de várias idades. Para além do elevado número de títulos publicados, há que destacar as várias reedições registadas ao longo das últimas décadas, em particular das cinco obras publicadas na colecção «Poesia Século XX» da Dom Quixote: 11 impressões de *Vinte Poemas de Amor e Uma Canção Desesperada* até 2002; seis de *Antologia Breve* até 1999; quatro de *Plenos Poderes* até 1999; três de *Odes Elementares* até 1999; e também três de *Uma Casa na Areia* até 2004. O livro de memórias *Confesso Que Vivi* foi publicado em quatro colecções de duas casas editoriais entre 1975 e 2003, nomeadamente nos «Livros de Bolso Europa-América», colecção dirigida a um mercado alargado, pelo preço e pelas características dos próprios volumes. Temos também três edições antológicas, organizadas por Fernando Assis Pacheco e José Bento (1969, 1973 e 1998). O alargado leque de editoras constitui outro aspecto interessante: Neruda foi publicado pela Afrontamento, Agência Portuguesa de Revistas, Arcádia, Campo das Letras, Diário de Notícias, Dom Quixote, Europa-América, Inova, Litoral, O Oiro do Dia, Quasi, Relógio d'Água e Vega, destacando-se os vários volumes da Campo das Letras (poesia, mas também teatro), da Dom Quixote e da Europa-América. Trata-se,

5 No artigo «A recepção literária de Miguel Angel Asturias em Portugal», Manuel G. Simões escreve sobre a edição e tradução de obras do guatemalteco em Portugal, referindo a sua visita a Portugal e a atribuição do Prémio Nobel, embora, ao contrário do que promete no título do texto, não estude a recepção na literatura (Simões, Manuel G., «A recepção literária de Miguel Angel Asturias em Portugal». *Rassegna iberística*, n.º 54, 1995).

pois, de editores de dimensão variável e com interesses e objectivos diferentes, mas que têm em comum o nome do poeta chileno no historial dos seus catálogos. Outro elemento importante é o número de tradutores de Neruda que são também poetas ou escritores: Alexandre O'Neill, Adolfo Simões Müller, Arsénio Mota, Nuno Júdice, Mário Dionísio, Luiza Neto Jorge e, em especial, Fernando Assis Pacheco. Este último assina três traduções e é responsável pela selecção de poemas de *Antologia Breve* e pela cronologia de 12 páginas incluída no volume, sob o título «Neruda: vida e obra». Vejamos os paratextos da primeira edição de Neruda em Portugal - segundo a responsável, a Afrontamento, a primeira publicação em língua portuguesa -, datada de 1964. No texto «Uma poesia empenhada» (não assinado), a editora afirma não «pugnar por uma qualquer forma de arte alistada» (1964: 4), mas salienta que «a poesia reflectirá necessariamente o cidadão que o poeta é» (1964: 4) e que é mais interessante «o testemunho de um poeta que sofre no seu ser (e o reflecte na poesia que escreve) todo o drama da humanidade tal como ele se desenrola sob nossos olhos» (1964: 4). Por outras palavras, a Afrontamento, não desejando ser panfletária, defende a literatura interveniente que apresenta nas páginas seguintes, a do poeta chileno. Em «A propósito de Pablo Neruda», Manuel Pina afirma que o poeta:

> é um homem e vive no meio dos outros, carrega com eles os seus problemas de homem, as suas necessidades e os seus ideais. Ele vive com os pés em cima da terra e tem a certeza disso.
> A poesia é uma maneira dele se dizer (por dentro e por fora). [...] Por o poeta ser um homem é que tem uma experiência e da sua experiência faz poesia. (Pina 1964: 8)

Este é um retrato indirecto de Neruda, homem experiente e empenhado, que faz da poesia uma parte integrante da sua vida e do mundo que habita uma componente fundamental da sua poesia. Refira-se ainda a publicação de livros sobre o prémio Nobel de 1971, que revela o elevado interesse do público pelo poeta. Damos três exemplos: *Pablo Neruda* (1974), de Jean Marcenac; *Neruda por Skármeta*, ensaio de Antonio Skármeta publicado em 2004 a propósito do Centenário de Neruda; e *Neruda, Cem Anos depois: Reflexos na Poesia Portuguesa*, de Cristino Cortes, do mesmo ano.

Passemos para Octavio Paz, com dez volumes de poesia e de ensaio publicados em Portugal. Neste caso, a atribuição do Nobel em 1990 não parece ter reflexo directo nas opções editoriais, visto não existir nenhuma obra com data imediatamente posterior. O primeiro livro de Paz editado em Portugal é o seu ensaio sobre Fernando Pessoa, *O Desconhecido de Si Mesmo: Fernando Pessoa* (Iniciativas Editoriais), em 1980, reeditado em 1988 e 1992 pela Vega com uma nova tradução e um título ligeiramente diferente: *Fernando Pessoa. O Desconhecido de*

Si Mesmo. Trata-se de um ensaio originalmente incluído em *Cuadrivio* (1965), em que Paz aborda o trabalho de quatro poetas que classifica como fundamentais: Rubén Darío, Ramón López Velarde, Luis Cernuda e Fernando Pessoa. O ensaio «El desconocido de sí mismo», dedicado a este último, havia sido publicado em 1962, no México, como prólogo à *Antologia* de poemas pessoanos traduzidos pelo próprio Octavio Paz. Note-se que apenas as editoras portuguesas sentiram necessidade de acrescentar o nome do poeta ao título. Vejamos as restantes obras do mexicano publicadas em Portugal: encontramos um outro ensaio (*Uma Terra, Quatro ou Cinco Mundos: Reflexões sobre História Contemporânea*) e vários volumes de poesia, entre eles *Antologia Poética (1935/1975)*, organizada e traduzida por Luís Pignatelli e que inclui poemas de *Liberdade sob Palavra*, *Dias Hábeis*, *Salamandra*, *Cadeira Leste*, *Iniciação* e *Regresso*. Este foi o segundo livro de Octavio Paz publicado em Portugal, em 1984. Como vimos no Capítulo I, uma das regras básicas de importação e exportação propostas por José Lambert mostra que a importação pode surgir em pacotes amplos e indiferenciados, como é o caso das antologias. Estas, em geral, procuram apresentar uma parte representativa do trabalho do autor em causa a um público que não o conhece ou, em alternativa, mostrar elementos menos divulgados de um conjunto de obras com que o público já se familiarizou. Devemos integrar a *Antologia* de Paz no primeiro grupo e concluir que se tratou de uma espécie de apresentação do poeta aos leitores portugueses. A edição mais recente de Paz é de 2004, na referida colecção «Prémio Nobel». Acrescentemos que não se lançaram títulos repetidos. Na badana de *Vislumbres da Índia*, encontramos uma curta apresentação de Paz, destacando a atribuição dos prémios Nobel e Cervantes, o que reforça a ideia da importância de existência de galardões nos critérios editoriais nacionais e da sua influência junto do público.

Como referimos, Gabriel García Márquez e Mario Vargas Llosa destacam-se do grupo pelo grande número de edições portuguesas das suas obras. O primeiro tem 21 títulos publicados em Portugal, entre eles os recentes *Contos Completos* (Dom Quixote, 2011). Faz ainda parte desse grupo uma antologia geral. No total, 13 casas editoriais já publicaram os seus textos, contando com traduções de Fernando Assis Pacheco e Pedro Tamen, entre outros. O mais popular é *Cem Anos de Solidão*, publicado pela primeira vez em 1971 pela Europa-América. Encontramos o romance em seis colecções. *Ninguém Escreve ao Coronel* faz parte de cinco colecções, enquanto *Crónica de Uma Morte Anunciada*, *O Outono do Patriarca*, *Horas Más*, *Memória das Minhas Putas Tristes* e *A Incrível e Triste História da Cândida Eréndira e da Sua Avó Desalmada*, de quatro. O número de reimpressões é impressionante. Damos três exemplos, apenas no âmbito da Dom Quixote: *O Amor nos Tempos de Cólera* tem 22 impressões; *Cem Anos de*

Solidão, 26; e *Crónica de Uma Morte Anunciada*, 13. Esta novela tinha sido anteriormente um sucesso de vendas em *O Jornal*, com seis impressões entre 1982 e 1991. Um importante número de colecções de livros de bolso e de venda em tabacarias inclui obras de García Márquez, como «Biblioteca Visão», «Asa de Bolso», «Prémio Nobel», «Bisleya» e «Mil Folhas», entre outras. Assinalemos também a publicação, em 2000, de seis contos para adultos numa colecção dirigida ao público infantil, a «Edições especiais» da Dom Quixote, ilustrada por Carme Solé Vendrell: *A Luz É como Água*, *A Sesta de Terça-Feira*, *O Verão Feliz da Senhora Forbes*, *A Última Viagem do Navio Fantasma*, *Maria dos Prazeres* e *Um Senhor Muito Velho com Umas Asas Enormes*. Existem no mercado várias obras críticas sobre o autor e a sua obra, como *História de Cem Anos de Solidão. Em Busca das Chaves de Melquiades*, de Elígio García Márquez, *O Aroma da Goiaba*, de Plinio Apuleyo de Mendoza e Gabriel García Márquez, e *Gabriel García Márquez*, de Dagmar Ploetz. Há que referir ainda o Posfácio da autoria do escritor português João de Melo publicado na edição da Dom Quixote de *O Amor nos Tempos de Cólera*, a partir da sexta reimpressão. Outra forma de reconhecimento, e importante fonte de vendas, é a inclusão de *Crónica de Uma Morte Anunciada* no Plano Nacional de Leitura. Duas obras do escritor foram editadas com diferentes títulos pela Europa-América e pela Quetzal (textos publicados pela Dom Quixote em 2007 e 2008): *La hojarasca* surgiu nos escaparates em 1972 como *O Enterro do Diabo* (com tradução de João da Silva) e em 1989 como *A Revoada* (António Gonçalves); *La mala hora* como *O Vento da Madrugada* (tradução de Pilar Delvaulx) em 1972 e *Horas Más* (Egito Gonçalves) em 1993. As primeiras edições em Portugal de García Márquez – e de outros escritores – foram adaptadas de versões brasileiras, o que pode explicar as opções de tradução, nomeadamente dos títulos. Isto aconteceu principalmente numa fase inicial, talvez por razões económicas, e pode considerar-se como uma espécie de «tradução indirecta», fenómeno estudado por José Lambert, quando refere o caso de o sistema receptor (neste caso, o português) tomar emprestados os produtos culturais de outros sistemas (neste caso, o brasileiro).

Mario Vargas Llosa publica em Portugal desde 1972, mantendo um ritmo constante até aos nossos dias. Tornou-se, de facto, um dos escritores mais conceituados entre o público, como se constata pelas reimpressões das suas obras, em particular na Dom Quixote, mas igualmente em colecções de livros de bolso e de venda em tabacarias. A própria publicidade de rua da colecção «Autor Nobel», da revista *Sábado*, apresentava em primeiro plano a capa de *Lituma nos Andes*, funcionando, pois, como principal atractivo desta série lançada em 2011, poucos meses após a entrega do Prémio Nobel ao escritor peruano. Vargas Llosa tem 22 títulos em Portugal, em 13 editoras. A Europa-América foi a primeira a publicar ficção do autor, seguida da Bertrand e da Dom Quixote. Curiosamente, em 1976, a Bertrand divulga num mesmo volume *Os Cachorros e Os Chefes*. *A Tia Julia e o Escrevedor* e *Lituma nos Andes* fazem parte de quatro colecções, enquanto *A Cidade e os Cães*, *A Festa do Chibo*, *A Guerra do Fim do Mundo*, *Conversa na Catedral* e *Os Cadernos de Dom Rigoberto* estão presentes em três. Uma curiosidade reside na dupla tradução para português do título original de *Historia secreta de una novela*: *História Secreta de Uma Novela*, com a chancela da Assírio & Alvim de 1973, e *História Secreta de um Romance*, da Dom Quixote em 2002, numa edição comemorativa do Dia Mundial do Livro, em oferta exclusiva aos compradores de livros nas lojas Fnac. Ambas as edições apresentam a tradução de António José Massano, mas a segunda tem em conta a diferença de designação dos géneros literários nas duas línguas: em português temos «novela» e «romance», enquanto em espanhol existe apenas «novela». *Historia secreta de una novela* recorda o processo de escrita de *Casa verde*, um romance, pelo que a tradução corrigida da Dom Quixote está correcta. De destacar ainda o Prefácio de João de Melo a *Conversa na Catedral* (edição da Dom Quixote), com o título «Público elogio de Mario Vargas Llosa», em que o escritor português aborda o *Boom* editorial das literaturas hispano-americanas e o realismo mágico. Esta é, aliás, uma das três obras de Vargas Llosa recomendadas pelo Plano Nacional de Leitura para o Ensino Secundário, juntamente com *Quem Matou Palomino Molero?* e *O Sonho do Celta*.

Passemos para o Prémio Cervantes. Dos 18 autores hispano-americanos galardoados, apenas três não têm nenhum livro traduzido em Portugal: a cubana Dulce María Loynaz e os chilenos Gonzalo Rojas e Nicanor Parra. Todos eles são, predominantemente, poetas. O escasso público de poesia em Portugal poderá explicar, pelo menos em parte, esta lacuna. Dos restantes prémios Cervantes, três têm apenas uma obra traduzida: Sergio Pitol, José Emilio Pacheco e Juan Gelman. Curiosamente, a deste último, *No Avesso do Mundo* (Quetzal, 1998), foi traduzida colectivamente por um conjunto de conceituados poetas: Ana Luísa Amaral, Nuno Júdice, Pedro Tamen e Jorge Velhote. Este facto indicia que os autores portugueses conhecem obras hispano-americanas, mesmo que estas não estejam traduzidas em Portugal, provavelmente lendo-as na língua original. Sendo assim, os casos de recepção ou influência em autores portugueses específicos podem dar-se de forma independente do mundo editorial nacional e, portanto, ocupando um espaço periférico. Isto não significa que a tradução – ou melhor, o conjunto de obras traduzidas e não traduzidas – não é relevante para o polissistema português, mas que é possível ou mesmo provável que os intelectuais portugueses leiam autores hispano-americanos nas suas versões originais – e reflictam essas leituras nas suas obras posteriores. Naturalmente, quanto maior a divulgação destes escritores no panorama cultural nacional, maior poderá ser o seu reconhecimento e impacto no polissistema português, ocupando, assim, um espaço cada vez menos periférico.

Regressemos aos vencedores do Prémio Cervantes. Sergio Pitol tem como única obra publicada em Portugal *A Vida Conjugal* (2007) e José Emilio Pacheco, *As Batalhas no Deserto* (2006). Este último conta com um prefácio de Antonio Sarabia, escritor mexicano radicado em Lisboa, e é apresentado da seguinte forma: «Traduzida em inúmeras línguas, só no México *As Batalhas no Deserto* rendeu mais de meio milhão de exemplares.» Esta frase promete, pois, ao leitor uma qualidade literária assegurada por um elevado número de vendas a nível mundial. Mais uma vez se verifica que o êxito comercial das obras constituiu um dos critérios de edição em Portugal.

Alejo Carpentier foi publicado pela primeira vez em Portugal em 1971, com três obras divididas por três editoras: *O Século das Luzes* (Europa-América), *O Reino Deste Mundo* (Presença) e *Literatura e Consciência Política na América Latina* (Dom Quixote). É, contudo, com as Edições 70 que parece ter tido mais sucesso, com três impressões de *Os Passos Perdidos*, incluído na colecção «Vozes da América Latina» em 1981 e reeditado fora da colecção em 1991 e 2004. Este romance foi publicado também pela RBA Editores em 1994, pela Camões & Companhia em 2010 e integrado na colecção «Não Nobel. Autores premiados pelo tempo» do jornal *Público* em 2011. Trata-se, pois, da obra de Carpentier mais editada em Portugal. *O Reino deste Mundo* – obra fundadora do «real maravilhoso» – foi publicada apenas duas vezes, na referida edição da Presença em 1971 e 40 anos mais tarde pela Camões & Companhia, chancela que, aliás, relançou o escritor cubano no mercado nacional. No total, temos oito títulos (em 14 edições e dez editoras), além da integração em duas antologias gerais e um texto sobre Pablo Picasso em *O Enterro do Conde de Orgaz, de Pablo Picasso, precedido de Não digo mais do que o que não digo, de Rafael Alberti, e seguido de Todas as portas abertas, de Alejo Carpentier*, publicado em 2001 pela & Etc. Embora a edição portuguesa não o explique, o texto «Tutes portes ouvertes» foi escrito como prólogo à versão francesa de *El entierro del conde de Orgaz*, da autoria de Pablo Picasso, publicado pela Gallimard, em 1978, num volume organizado pelo próprio Carpentier[6].

6 *L'Enterrement du comte d'Orgaz/Pablo Picasso; traduit de l'espagnol par Alejo Carpentier; suivi de Tutes portes ouvertes par Alejo Carpentier et de Je ne dis plus de ce que je ne dis par Rafael Alberti*- Paris: Editora Gallimard, 1978.

Jorge Luis Borges é, sem dúvida, um dos escritores mais populares junto do público português, registando-se variadas reedições dos seus textos. Temos 16 títulos dispersos por 16 editoras, num total de 23 edições. Nesta contagem não incluímos a publicação das suas *Obras Completas* (quatro volumes) e *Obras em Colaboração* (dois volumes) pela Teorema em 1998 e 2002 e pelo Círculo de Leitores em 1998/1999 e 2002. A primeira obra publicada foi *História Universal da Infâmia*, em 1964, pela Europa-América, seguindo-se as restantes nas décadas seguintes, em particular as de 1980, 1990 e 2000. De referir que a Quetzal, no início de 2012, lançou a colecção «Série Borges», com *História da Eternidade* (1936) e *O Livro de Areia* (1975). Três volumes foram escritos em parceria: *As Doze Figuras do Mundo* e *Livro do Céu e do Inferno*, com Adolfo Bioy Casares, e *O Livro dos Seres Imaginários*, com Margarita Guerrero. O nome desta, contudo, não aparece na capa, mas apenas na página de rosto do volume. Entre os seus tradutores, contam-se poetas e escritores como José Bento, Pedro Tamen, Rui Belo e António Alçada Baptista. Este último assinou ainda o Prefácio a *O Relatório de Brodie* (1981). Nos catálogos portugueses, encontramos obras de vários géneros, como o conto e o ensaio. Neste âmbito há que destacar *Destino e Obra de Camões* (1993), texto de uma conferência proferida por Borges em 1972 na Embaixada do Brasil em Buenos Aires, gravada e publicada nesse ano, sendo acompanhado na edição portuguesa por «Um dia de Jorge Luis Borges», de Miguel de Torre Borges. O artigo do escritor argentino foi reeditado em 2011 pela Embaixada de Portugal em Buenos Aires em versão bilingue. Três das suas obras foram publicadas por três chancelas: *História Universal da Infâmia*, *O Fazedor* e *Ficções*. Este livro de contos é recomendado pelo Plano Nacional de Leitura para o Ensino Secundário. Um dos aspectos mais interessantes é o número de reimpressões de livros de Borges, como *O Aleph*, com quatro edições na Estampa, entre 1976 e 1993. Outro ponto a atentar é o intervalo entre a data original das obras e a sua publicação em Portugal. Por exemplo, *Ficções*, de 1944, foi publicado pela Teorema 54 anos depois, na «Biblioteca Visão», 56 anos e na colecção «Mil Folhas», 59 anos; *História Universal da Infâmia*, de 1935, na «Bisleya» 74 anos mais tarde; e *O Fazedor*, de 1960, pela Difel 42 anos depois. Parece verificar-se, pois, uma tentativa de recuperação de obras importantes de Borges, cuja ausência nos catálogos portugueses será tomada como uma lacuna a corrigir, mesmo com décadas de atraso. Esta preocupação não parece dar-se com muitos dos restantes escritores em análise.

Apesar de ser um dos autores hispano-americanos com mais projecção internacional, Juan Carlos Onetti conta com apenas cinco obras em Portugal, divididas por três editoras: a Bertrand publicou em 1976 *Junta Cadáveres*, as Edições 70 *O Estaleiro* cinco anos depois e a Relógio d'Água *Os Adeuses* na década de

1980 e em 2009, *A Vida Breve* em 2008 e *Um Sonho Realizado e Outros Contos* no mesmo ano. Três destes títulos contam com dois tradutores de peso: Pedro Tamen em *Junta Cadáveres* e *Um Sonho Realizado e Outros Contos*, e a escritora Hélia Correia em *Os Adeuses*. A edição de 2009 deste último é prefaciada pelo escritor espanhol Antonio Muñoz Molina.

Ernesto Sabato escreveu um número reduzido de obras de ficção e abundantes volumes ensaísticos. Dois dos seus três romances estão publicados em Portugal: *Heróis e Túmulos* (Europa-América em 1973) e *O Túnel* (Livros do Brasil em data omitida, Público em 2003 e Relógio d'Água em 2009). O segundo foi traduzido duas vezes. A Dom Quixote publicou o seu único ensaio editado em Portugal, *Resistir*, volume com duas impressões em 2005. O original tinha sido dado à estampa cinco anos antes.

Carlos Fuentes é um dos autores hispano-americanos mais reconhecidos pelo público português e mais cedo editados em Portugal, em 1971, com *Aura*. Aliás, os textos do escritor mexicano são editados e reimpressos ao longo dos anos, principalmente na Dom Quixote, com 11 livros de ficção e ensaio divididos por três colecções. Registe-se a passagem do autor para o catálogo da Porto Editora, em 2012, com *Adão no Éden*. No total, encontramos 11 títulos, um deles recomendado pelo Plano Nacional de Leitura: *O Velho Gringo*. Este romance foi publicado por três editoras e as suas vendas certamente beneficiaram do lançamento do filme com o mesmo título, realizado em 1989 por Luis Puenzo e interpretado por duas estrelas de Hollywood, Jane Fonda e Gregory Peck. A segunda edição do livro, do Círculo de Leitores, tem precisamente a data do filme.

Augusto Roa Bastos, o único paraguaio associado ao chamado *Boom* e ao Prémio Cervantes e autor de uma extensa obra, tem apenas três títulos em Portugal: *Filho de Homem* (1968 e 1973), *O Trovão entre as Folhas* (1980) e *Contravida* (1997). As datas das referidas publicações não se aproximam da entrega do Cervantes, em 1989.

Adolfo Bioy Casares surge associado a Jorge Luis Borges no mercado editorial português, beneficiando da projecção e reconhecimento deste pelo público, como se constata nas apresentações como «parceiro literário» e nas citações do segundo sobre o primeiro incluídas nas contracapas e badanas. Nem mesmo o primeiro volume de *Obras em colaboração* de Borges – todas escritas a quatro mãos com Bioy Casares – não tem na capa o nome do prémio Cervantes de 1990. Além deste, existem seis títulos assinados apenas por Bioy Casares e três escritos em colaboração com outros autores: *Quem Ama, Odeia*, com Silvina Ocampo, e *As Doze Figuras do Mundo e Outros Contos* e *Livro do Céu e do Inferno*, com Jorge Luis Borges. Encontramos algumas edições na década de 1980, sendo interessante o relançamento do escritor no século XXI, em especial pela Cavalo de Ferro.

Guillermo Cabrera Infante parece ocupar um lugar particular no panorama editorial, resultado do impacto do contexto político de Cuba no polissistema português, questão que abordaremos no capítulo seguinte. Existem oito obras do autor em Portugal, num total de 11 edições de cinco editoras, números que se destacam face a outros importantes escritores do subcontinente. As vendas, contudo, não parecem ser elevadas, dado que não se verificam reimpressões, mas apenas edições em livros de bolso de dois títulos: *A Ninfa Inconstante* e *O Livro das Cidades*. A primeira edição de Cabrera Infante é de 1975, um ano depois da Revolução do 25 de Abril, verificando-se depois um interregno até 1997. Desde então, publicaram-se dez livros, o mais recente dos quais datado de 2011, *Corpos Divinos*, um original de 1976. Sendo conhecida a discussão extremista entre apoiantes e opositores do regime cubano, a existência de 11 edições de Cabrera Infante – que abandonou o seu país de origem nos anos 1960 e mais tarde se tornou cidadão britânico – não pode ser vista como casual. Estas obras literárias críticas ao governo de Cuba naturalmente desempenharão um papel na propaganda contra o regime, visando atingir objectivos políticos junto do público português. A generalidade das suas narrativas aborda a situação interna daquele país caribenho e mesmo *A Ninfa Inconstante*, novela situada num período pré-revolucionário que não inclui elementos políticos, é associada pelo editor à Revolução Cubana. Lemos na capa do volume: «Em La Habana, a cidade dos sonhos, uma história de amor anuncia a revolução que se aproxima[7].» Este comentário incongruente constitui um indício de que a Revolução Cubana constitui, de facto, um pólo de interesse no polissistema português.

Jorge Edwards publica desde meados da década de 1960, mas apenas em 1997 é editado em Portugal, pela Difel, com um livro datado do ano anterior, *A Origem do Mundo*. A mesma casa editorial lança *O Museu de Cera* em 1999 (recuperando um romance com quase vinte anos) e *O Sonho da História* em 2001. Estas duas edições poderão ter sido motivadas pela atribuição do Prémio Cervantes ao escritor chileno, precisamente em 1999. Em 2008, a Assírio & Alvim edita *O Inútil da Família*, com tradução e notas de Helder Moura Pereira, trabalho que recebeu o Prémio Literário Casa da América Latina/Banif de Tradução Literária de 2009.

Encontramos quatro textos de Álvaro Mutis em Portugal, um deles, *A Última Escala do Tramp Steamer*, reeditado numa colecção de livros de bolso em 2002,

7 A não adequação da tradução de «La Habana» será analisada mais à frente.

nove anos depois da primeira publicação. Exceptuando esta última, todas as obras foram publicadas antes da entrega do Prémio Cervantes ao autor colombiano, em 2001.

Da lista do Prémio Cervantes, restam Octavio Paz e Mario Vargas Llosa, anteriormente abordados.

Vejamos, então, o nosso segundo instrumento para esboçar um possível cânone. Optámos por cruzar obras de três críticos consagrados – Jean Franco[8], José Miguel Oviedo[9] e Giuseppe Bellini[10] – e perceber quais os escritores destacados por todos e quais destacados por dois deles. No caso de Oviedo e Bellini, não foram considerados os autores referidos apenas de passagem[11]. Por opção, iniciámos o levantamento em José Martí, reconhecendo o impacto do poeta e político na literatura hispânica e no imaginário global e sabendo que os textos anteriores a Martí são particularmente desconhecidos em Portugal. Podemos verificar que, deste conjunto, cerca de metade não foi publicada no contexto nacional, incluindo nomes fundamentais na história das literaturas hispano-americanas. De um total de 49 autores destacados por Franco, 214 por Oviedo e 322 por Bellini, 49 são abordados pelos três críticos nas referidas obras e 68 por dois deles. Do primeiro grupo, 32 foram publicados em Portugal; do segundo, 28. Mas a existência de uma obra publicada implica o reconhecimento do autor neste país? Não necessariamente. Grande parte destes escritores tem poucos títulos editados, com frequência apenas um. É o caso do citado José Martí, que tem apenas uma obra em Portugal e não inclui literatura, apenas artigos e discursos: *Por Outras Palavras*, com a chancela da Caminho (2003), a propósito do 150.º aniversário do seu nascimento. Rubén Darío – o mais destacado autor do modernismo hispânico – estava presente apenas na antologia *Por Outras Palavras*, de António Manuel Couto Viana, com o poema «Litania do Nosso Senhor D. Quixote». Cabe assinalar que, mesmo nessa publicação, não é feita referência à importância de Darío e que o seu curto nome apresenta dois erros: «Rúben Dario».

Olhando para a lista, podemos classificar os autores em cinco grupos: autores associados ao *Boom* editorial (Augusto Roa Bastos, Carlos Fuentes, Gabriel

8 Franco, Jean (2009): *Historia de la literatura hispanoamericana*. Barcelona: Editorial Ariel.

9 Oviedo, José Miguel (2005): *Historia de la literatura hispanoamericana*. Madrid: Alianza Editorial.

10 Bellini, Giuseppe (1997): *Nueva historia de la literatura hispanoamericana*. Madrid: Castalia.

11 Os autores abordados anteriormente não serão referidos.

García Márquez, José Donoso, Juan Carlos Onetti, Juan Rulfo, Julio Cortázar, Mario Benedetti, Mario Vargas Llosa, Ernesto Sabato e José Lezama Lima); autores que funcionam como referência aos autores associados ao *Boom* editorial e frequentemente referidos por eles (Horácio Quiroga e Roberto Arlt); autores de uma geração anterior ao *Boom* editorial, mas a ele associados de alguma forma e consagrados por prémios internacionais (Alejo Carpentier, Jorge Luis Borges, Miguel Ángel Asturias e Pablo Neruda); autores de elevada qualidade sem ligação ao *Boom* (César Vallejo, Eduardo Mallea, Gabriela Mistral, José Eustasio Rivera, José María Arguedas, José Martí, Manuel Rojas, Nicolás Guillén, Ricardo Güiraldes, Rómulo Gallegos, Rubén Darío e Vicente Huidobro); e autores posteriores ao *Boom* e que poderão ter beneficiado do ponto de vista editorial ou comercial do impacto daquele (Guillermo Cabrera Infante, Manuel Puig e Octavio Paz).

De todo o conjunto, nove têm apenas uma obra publicada em Portugal: Eduardo Mallea, José Eustasio Rivera, José Lezama Lima, José María Arguedas, Manuel Rojas, Ricardo Güiraldes, Roberto Arlt, Rómulo Gallegos e Vicente Huidobro. Vejamos cada caso.

Vento sobre as Searas, de Mallea, foi publicado pela Livros do Brasil em 1951, oito anos depois do original, numa tradução de José Lins do Rego e Henrique de Carvalho Simas, antecedida por uma nota de abertura da autoria do escritor brasileiro. Não se registam reedições posteriores. O romance mais marcante de José Eustasio Rivera tinha uma tradução portuguesa, *A Voragem*, lançada pelas Edições 70 em 1981, 57 anos depois do original. A Vega publicou *Paradiso*, de José Lezama Lima, em 1991, um intervalo de 25 anos em relação à primeira edição cubana. Lezama Lima faz ainda parte da antologia *Narrativa Cubana da Revolução*. *Os Rios Profundos*, um original de 1958 de José María Arguedas, surge em Portugal apenas em 1992. Quanto a Manuel Rojas, viu editado o seu *Filho de Ladrão* em 1957 pela Europa-América, escassos seis anos depois do lançamento do original. Mais tarde, em 1979, a Caminho inclui um Prefácio de Rojas na sua edição de *A Última Mulher e o Próximo Combate*, de Manuel Cofiño. Existem duas edições em Portugal do mítico *Don Segundo Sombra*, de Ricardo Güiraldes. Tanto o volume do Século, como o da Sociedade Nacional de Tipografia se baseiam na tradução de Aleixo Ribeiro. A primeira não tem data, a segunda é de 1945, ou seja, 19 anos depois da edição original. Não existem reedições desde então. Passemos para Roberto Arlt: 74 anos depois do lançamento argentino, ficou disponível no mercado português *Os Sete Loucos* (Cavalo de Ferro, 2003). Outra obra fundamental na história das literaturas hispano-americanas é *Dona Bárbara* (1929), de Rómulo Gallegos. Encontramos duas edições da Europa-América (uma delas com duas impressões, integrada na colecção «Livros de bolso»), em 1961, 196- e 1979. Vicente Huidobro conta apenas com uma antologia, *Natureza Viva*, disponibilizada por uma pequena editora, a Hiena, em 1986, 38 anos depois da morte do poeta chileno.

Com duas obras, temos César Vallejo, José Donoso e Mario Benedetti. Vallejo tem apenas duas antologias, organizadas, traduzidas e prefaciadas por José Bento, a primeira da Limiar (1981) e a segunda da Relógio d'Água (1992, aumentada). A edição da Limiar surge 43 anos depois da morte do poeta. José Donoso conta com duas edições de *Casa de Campo* (original de 1978), a primeira da Difel (1981 e 1986), com base numa tradução brasileira adaptada, e a segunda da Cavalo de Ferro (2008), já com tradução para o português europeu. Na capa deste volume lemos uma citação de Mario Vargas Llosa: «Um dos escritores mais importantes da literatura espanhola contemporânea.» (Donoso 2008) A tradução da frase será provavelmente da responsabilidade de editores e revela uma confusão entre espanhol (referente a Espanha) e hispânico (que concerne às literaturas, artes, culturas, etc. dos países de língua espanhola)[12]. O escritor chileno viu publicado também *O Misterioso Desaparecimento da Marquesinha de Lória*, em 1984, pela Difel. Esta chancela apresentou, pois, edições contemporâneas. Mario Benedetti foi publicado só em 2007 e 2008, pela Cavalo de Ferro, respectivamente com *A Trégua* e *Obrigada pelo Lume*. O primeiro título tem uma diferença de 47 anos da edição original e o segundo de 43. São, pois, duas publicações tardias. De fora ficam os muitos volumes de poesia, conto e teatro do escritor uruguaio. Acrescentemos que, em 2002, havia sido publicado um conto do autor, integrado numa colectânea sobre futebol.

Horacio Quiroga, Julio Cortázar, Manuel Puig e Nicolás Guillén possuem três títulos em Portugal. Apesar de Quiroga ter publicado no início do século XX e de ter morrido em 1937, todas as suas edições portuguesas são do século XXI. Em 2003, surgem dois títulos em duas editoras: *Contos de Amor, Loucura e Morte* (Cavalo de Ferro, 2003, 86 anos após a edição original) e *Contos da Selva* (Vega, 2003, 85 anos depois). No ano seguinte, esta última obra é publicada pela Cavalo de Ferro com nova tradução, lançando em 2005 *Anaconda*. Também Juan Rulfo tem a sua escassa obra traduzida muito tardiamente: *Pedro Páramo* em 1980 (Edições 70), 1994 (RBA Editores) e 2004 (Cavalo de Ferro, com reimpressão em 2007); *A Planície em Chamas* em 2003 (Cavalo de Ferro), *O Galo de Ouro e*

---

12 Poderíamos apresentar outros exemplos, como a manchete da edição de Abril de 2011 da revista *Os Meus Livros*: «Literatura castelhana. Dos dois lados do Atlântico, há uma escrita comum com alguns dos autores mais importantes da actualidade.» A publicação assume erradamente que o adjectivo «castelhana» se refere, não à região de Castela, mas a todo o mundo hispânico. Poderia ter optado por «Literatura em castelhano».

Outros Textos Dispersos em 2005 (na mesma chancela, com prefácios de Carlos Fuentes, Augusto Roa Bastos e Gabriel García Márquez). Em 2010, é lançada a *Obra Reunida*, pela mesma casa editorial. Se a primeira publicação de Rulfo é de 1980 – 25 anos depois do lançamento de *Pedro Páramo* no México –, a projecção do escritor é ainda mais tardia, dando-se só no século XXI. Contudo, parece ser já reconhecido como canónico pelo Estado, que incluiu aquela novela no Plano Nacional de Leitura. Manuel Puig, por seu lado, tem três títulos em quatro editoras. A primeira publicação surge em 1974, com *A Traição de Rita Hayworth* (Europa-América), seis anos depois do lançamento do texto original e dois anos antes da edição do original de *O Beijo da Mulher Aranha*. Só em 2003 este livro surge em Portugal, obra que deu origem ao filme que popularizou Puig a nível mundial, 27 anos depois da versão argentina e 18 anos após a primeira projecção da fita. Esta, contando com as interpretações de William Hurt, Raúl Juliá e Sônia Braga e a realização de Héctor Babenco, obteve um grande sucesso em todo o planeta. O título é reconhecido pelo público português, como se prova pela indicação, na capa de *Boquitas Pintadas* (Quetzal, 2009), de que Puig é autor de *O Beijo da Mulher Aranha*. Esta novela havia já sido publicada pela mesma editora três anos antes. Mais recentemente, em 2010, a Ulisseia relançou *A Traição de Rita Hayworth*. Passemos a Nicolás Guillén. Temos duas antologias e um conto infantil. A primeira *Antologia Poética* surge em 1970 pela Presença e a segunda em 2002 pela Campo das Letras (com selecção, tradução e notas de Albano Martins). *Sapinho e Sapão* é um livro infantil editado pela Arca das Letras, ilustrado por Fedra Santos e traduzido e adaptado pelo escritor José Viale Moutinho. O volume teve três impressões, entre 2006 e 2008. Viale Moutinho, na apresentação inicial, considera que Guillén constitui «um dos mais fabulosos e amigos poetas do seu povo» (Viale Moutinho 2006: 3), o cubano, e avança que o livro é «o primeiro texto para crianças deste autor publicado em português» (Viale Moutinho 2006: 3).

Resta-nos Julio Cortázar, um verdadeiro sucesso no recente panorama editorial nacional. Existem algumas edições contemporâneas dos originais (*Blow-up e Outras Histórias* em 1968, *Histórias de Cronópios e de Famas* em 1973 e *Todos os Fogos o Fogo* em 1974), dois na década de 1980 (*Blow-up e Outras Histórias* em 1984 e *Bestiário* em 1986), dois na década de 1990 (*Bestiário* em 1994 e *Prosa do Observatório* em 1998) e as restantes sete entre 2000 e 2010, na Cavalo de Ferro, com vendas e projecção importantes na imprensa e junto do público. No total, editado até 2011 encontramos nove títulos e a presença numa antologia, divididos por dez casas editoriais. *Todos os Fogos o Fogo* fez parte dos catálogos de três chancelas, *Bestiário* de duas e *Blow-up e Outras Histórias* tem duas edições na mesma casa editorial. A dilação de publicação é evidente quando atentamos na data da edição portuguesa de *Rayuela* (Cavalo de Ferro), um dos romances mais importantes na história da literatura hispano-americana e mundial: o original é de 1963 e a versão portuguesa de 2008, ou seja, 45 anos depois. Em dois anos, foram feitas três impressões da obra, prefaciada pelo escritor José Luís Peixoto e que apresenta como título *O Jogo do Mundo. Rayuela*. Devemos chamar a atenção ainda para a importância do filme *Blow Up*, de 1966, realizado por Michelangelo Antonioni, uma adaptação livre do conto «Las babas del diablo», integrado em *Las armas secretas*. O filme conta com as interpretações de David Hemmings e Vanessa Redgrave e conquistou a Palma de Ouro para Melhor Realizador no Festival Internacional de Cannes de 1966. Dois anos depois, a Europa-América decide adoptar o título do filme para o título da versão portuguesa de *Las armas secretas* e ilustrar a capa com uma imagem do filme, seguindo uma estratégia comercial de aproveitamento do impacto da fita nos sectores intelectuais portugueses. Por que se dá o sucesso de Cortázar em Portugal apenas com um segundo conjunto de publicações e já no século XXI? Como explica Itamar Even-Zohar, os produtos novos podem ser pouco eficientes e ser integrados com dificuldade no mercado. Foi o que aconteceu com a bibliografia do argentino anterior ao aparecimento da Cavalo de Ferro e consequente recurso desta a técnicas de *marketing* adequadas ao mercado.

Passemos agora para os autores abordados por dois dos nossos três críticos: Adolfo Bioy Casares, Alejandra Pizarnik, Álvaro Mutis, Ángeles Mastretta, Antonio Skármeta, Augusto Monterroso, Cristina Peri Rossi, Edmundo Desnoes, Eduardo Galeano, Enrique Larreta, Felisberto Hernández, Isabel Allende, Jorge Icaza, José Emilio Pacheco, Josefina Pla, Juan Gelman, Julio Ramón Ribeyro, Leopoldo Lugones, Manuel Mujica Láinez, Mempo Giardinelli, Miguel Otero Silva, Osvaldo Soriano, Reinaldo Arenas, Sergio Pitol, Sergio Ramírez, Severo Sarduy e Silvina Ocampo. O leque abre-se: temos escritores mais recentes, poetas, com origem em países mais periféricos, sendo mais comerciais ou menos populares, mas também autores de ficção com uma componente mais política.

Um número significativo tem apenas um título disponível no mercado português. Vejamos esses casos. Alejandra Pizarnik conta apenas com uma *Antologia Poética*, publicada em 2002 por uma discreta editora de Vila Nova de Gaia, Estratégias Criativas, com selecção de Alberto Augusto Miranda, António Sá Moura e Carlos Saraiva Pinto. O único livro de Cristina Peri Rossi em Portugal, *O Amor é Uma Droga Dura*, foi editado um ano depois do original, em 1989, pela Teorema, ao passo que Edmundo Desnoes está integrado apenas na antologia *Narrativa Cubana da Revolução* (1971). *A Glória de Dom Ramiro*, de Enrique Larreta, foi traduzido duas vezes, a primeira em 1914 (seis anos depois do original), e consta de três editoras: Francisco Alves, Sociedade Nacional de

Tipografia e Século. Esta revela um reconhecimento especial da obra, com a sua integração na colecção «As maiores obras no nosso tempo», entretanto esquecida, visto estar há décadas indisponível no mercado. Existe uma edição de *Contos Reunidos*, de Felisberto Hernández, datada de 2011, 47 anos depois da morte do autor uruguaio. Terá sido um ensejo de lançamento deste importante escritor em Portugal, com autovalorização por parte da editora, que o apresenta da seguinte forma: «É com imenso orgulho que a Oficina do Livro dá a conhecer ao leitor português um dos mais brilhantes escritores contemporâneos, considerado seu mestre por grandes nomes da literatura mundial[13].» Para ilustrar esta última ideia, foi incluída na capa uma citação de Gabriel García Márquez: «Se eu não tivesse lido as obras de Felisberto Hernández nunca me teria tornado no escritor que sou hoje.» (Hernández 2011) Verifica-se, pois, que a validação de autores desconhecidos ou quase desconhecidos no sistema nacional por nomes consagrados é uma estratégia de atracção do público. *Huasipungo*, de Jorge Icaza, foi publicado em 1980 pelas Edições 70, 46 anos depois do original, não tendo sido reeditado desde então. *Trinta e Três Poemas*, de Josefina Pla, tem a chancela da Tema. Trata-se de uma antologia com selecção de Alfredo Fressa – que assina também a Introdução e a tradução – que surge em 2002, 68 anos após a publicação no Paraguai da primeira obra desta poeta, fundadora, no início dos anos 1950 do «Grupo Arte Nuevo», promotor de um movimento de renovação das artes paraguaias. *Prosas apátridas*, de Julio Ramón Ribeyro, é outra obra recente da responsabilidade de outra pequena editora, a Ahab, de 2011. O original tem data de 1975. Existe apenas um conto de Leopoldo Lugones publicado em Portugal, *Os Cavalos de Abdera*, pela Vega em 1988, 82 anos depois da sua edição original, incluído em *Las fuerzas estrañas*. Na capa da edição portuguesa, consta apenas o apelido do escritor, Lugones. Também neste volume se recorre a Borges em várias ocasiões. Na contracapa, lemos: «Jorge Luis Borges nunca escondeu a sua admiração pelo génio de Leopoldo Lugones.» (Lugones 1988) Logo no início do Prólogo, Luís Alves da Costa apresenta Lugones como mestre de Borges, inclui citações deste sobre o primeiro e compara a obra de ambos. No final da primeira década do século XXI aparecem as primeiras obras de Sergio Pitol e Silvina Ocampo em Portugal, respectivamente *A Vida Conjugal* (Assírio & Alvim, em 2007, 16 anos depois do original) e *Quem Ama, Odeia* (Oficina do Livro, em 2009, com 63 anos de diferença). Este último foi escrito em parceria com Adolfo Bioy Casares. A capa inclui a indicação de «Prémio Cervantes»,

---

13 Disponível in www.mediabooks.com/catalogo/detalhes_produto.php?id=50520, consultado a 10 de Dezembro de 2011.

sem que seja claro que o galardão não foi entregue a ambos. Ainda na capa, lemos o seguinte: «Dois nomes de referência da literatura mundial numa viagem sedutora pelos sentimentos humanos» (Ocampo e Bioy Casares 2009). Na contracapa, encontramos citações de Jorge Luis Borges e de Julio Cortázar sobre Ocampo e Bioy Casares.

Foram no início do século lançadas duas obras de Augusto Monterroso, ambas com um intervalo de décadas entre os lançamentos original e português: *O Resto É Silêncio: Vida e Obra de Eduardo Torres* (2007) e *A Ovelha Negra e Outras Fábulas* (2008). O primeiro faz parte da colecção «Ovelha negra», designação que podia funcionar intertextualmente com a segunda obra. Esta pertence ao catálogo de uma pequena editora de Coimbra, a Angelus Novus, que apresenta Monterroso da seguinte forma: «Nasceu em Tegucigalpa, Guatemala, em 1921, e exilou-se em 1944 no México. [...] Além de prémios de relevo no México, recebeu em 1996 o Prémio de Literatura Latino-Americana e do Caribe Juan Rulfo. De 2000 data o Prémio Príncipe das Astúrias das Letras[14].» Atentemos nesta curta apresentação. Tegucigalpa é a capital das Honduras, não da Guatemala. Augusto Monterroso nasceu, de facto, em território hondurenho, mas era guatemalteco. Além do desconhecimento de elementos geográficos básicos da América Central por parte da Angelus Novus, este excerto mostra-nos mais uma vez a importância dos prémios na escolha pelas editoras dos escritores a publicar e nas estratégias de venda junto de possíveis compradores.

Também Mempo Giardinelli tem dois títulos em Portugal, integrando ainda uma antologia geral. *Luna caliente* foi traduzida duas vezes, por António José Massano em 1988 e Helena Pitta em 2002, optando ambos por títulos diferentes em português: *Lua de Fogo* (Querco) e *Lua Escaldante* (Temas e Debates). A outra obra, *Final de Romance na Patagónia*, foi dada à estampa em 2010, pela Quetzal. Os dois livros do venezuelano Miguel Otero Silva saíram no início dos anos 1980: *Casas Mortas* (Edições 70, 1980) e *Quando Quero Chorar não Choro* (Caminho, 1985). Sergio Ramírez – um dos principais nomes da literatura nicaraguense contemporânea e antigo chefe militar da Frente Sandinista de Libertação Nacional – conta com dois títulos em português: *Tiveste Medo do Sangue?* (Caminho, 1989) e *Margarita, Está Lindo o Mar* (Difel, 2000). Este foi publicado apenas dois anos depois do original. Severo Sarduy tem um ensaio e uma obra de ficção em Portugal, em duas editoras: *Barroco*, integrado numa colecção dirigida ao público universitário (Vega, 1989), e *Cobra* (Assírio & Alvim, 2004).

---

14 Disponível in www.angelus-novus.com/autores/detalhe.php?id=118, consultado a 13 de Dezembro de 2011.

Las venas abiertas de América Latina – ensaio de Eduardo Galeano que teve e continua a ter um forte impacto a nível mundial – não gozava de uma versão portuguesa. O uruguaio conta com três títulos, todos no século XXI: *De Pernas para o Ar: a Escola do Mundo às Avessas* (Caminho, 2002), *Futebol: Sol e Sombra* (Livros de Areia, 2006, com prefácio de Manuel Jorge Marmelo) e *Memória do Fogo. 1. Os Nascimentos* (com a mesma chancela, 2011). Esta surge 29 anos depois do original, sendo apresentada como «uma das obras-primas da literatura sul-americana»[15]. Manuel Mujica Láinez tem três livros em três editoras, com um número considerável de anos de intervalo entre as duas versões: *O Unicórnio* (Cotovia, 1990), *Bomarzo* (Sextante, 2008) e *A Viagem dos Sete Demónios* (Vega, 2009). Atentemos no seu recente reaparecimento, depois da primeira edição em 1990. Encontramos três títulos de Osvaldo Soriano, além da sua presença numa antologia geral: *Quartéis de Inverno, A Hora sem Sombra* e *Triste, Solitário e Final.* O primeiro faz parte de duas colecções, ambas da Asa.

É esta mesma editora que publica os quatro livros de Ángeles Mastretta. Apenas *Arráncame la vida* tem mais de uma impressão, sendo apresentado pela editora, na contracapa, como um êxito traduzido para uma dúzia de línguas que se destacou no panorama literário hispânico e que prova a «pujança criativa de uma nova geração de escritoras do México» (Mastretta 1994). Ao optar pela designação «escritoras», a Asa inclui Mastretta num subgrupo feminino da literatura mexicana contemporânea, em que naturalmente se inclui Laura Esquivel, também editada sob a sua chancela, romancista de grande êxito em Portugal de que falaremos em breve. Mastretta poderia constituir, pois, uma «segunda Esquivel», com grande volume de vendas, cenário que, como vimos, não se verificou.

Reinaldo Arenas, por seu lado, tem cinco títulos, integrando ainda uma antologia. A sua publicação inicia-se em 1971, com *Mundo Alucinante* e a referida obra antológica *Narrativa Cubana da Revolução.* A novela – que inclui um breve capítulo dedicado a Portugal – surge, portanto, dois anos depois do original e reaparece em 2010, com a mesma tradução de Joaquim Pais de Brito, sempre na Dom Quixote. *Antes Que Anoiteça* teve três impressões na Asa, a primeira das quais em 1993 (no ano seguinte à publicação do original) e as restantes em 2001 (colecções «Clepsidra» e «Asa de bolso»), aproveitando o impulso comercial do filme homónimo, realizado por Julian Schnabel em 2010 e protagonizado por Javier Bardem. As capas são precisamente ilustradas com uma imagem da fita e, na edição da Clepsidra, lemos «Agora nos cinemas» (Arenas 2001). Em 2006, aparecem três novos livros de Arenas na Ambar e na Antígona: *Celestino antes da*

15 Disponível in http://www.livrosdeareia.net/, consultado a 17 de Janeiro de 2019.

Madrugada (39 anos depois do original), *O Assalto* (18 anos) e a antologia poética *O Engenho* (25 anos). Devemos também incluir Reinaldo Arenas no âmbito do sistema «Revolução Cubana», dada a sua trajectória de oposição, narrada, aliás, em *Antes Que Anoiteça*.

Antonio Skármeta ganhou uma grande projecção com o referido filme *O Carteiro de Neruda*, tendo a novela homónima edições em quatro colecções (incluindo uma de bolso, uma associada a um periódico e uma no Círculo de Leitores) e repetidas referências nas capas de outros livros do autor. Sublinhemos a alteração do título: do original *Ardiente paciencia*, passou-se a *O Carteiro de Neruda*, numa adopção da designação portuguesa do filme italiano *Il postino*. Esta película de 1994 teve um grande sucesso em Portugal, mantendo-se em exibição durante mais de um ano no Cinema Mundial, em Lisboa. A fita é uma adaptação livre da novela de Skármeta, alterando a época, o espaço, aspectos da acção, etc. A capa da edição da Teorema é ilustrada com uma foto do filme. Existem outros sete títulos de Skármeta em Portugal, entre eles o já citado ensaio sobre Neruda. *A Dança da Victoria* (Dom Quixote) foi também adaptado ao cinema por Fernando Trueba, em 2003. *A Rapariga do Trombone* foi editado pela Teorema e pelo Círculo de Leitores logo após o lançamento do original, em 2002, enquanto *Os Dias do Arco-Íris* constituiu um dos dois primeiros livros da Teodolito, fundada no fim de 2011 por Carlos da Veiga Ferreira, antigo editor da Teorema. Outro aspecto a ressaltar: o Plano Nacional de Leitura inclui quatro obras do autor chileno: *O Carteiro de Neruda*, *A Rapariga do Trombone*, *A Dança da Victoria* e *Não Foi Nada*.

Chegamos finalmente a Isabel Allende, autora com um número verdadeiramente impressionante de reimpressões e reedições. Qualquer livro de Allende parece ter sucesso garantido em Portugal. As suas obras estão espalhadas por seis editoras, essencialmente a Difel e, com o desaparecimento desta em 2010, a Inapa. Em 2011, o seu então recente *Caderno de Maya* teve a chancela da Porto Editora, no mesmo ano da edição original. Allende é uma figura constante nas últimas décadas, desde o início dos anos 1980, e ainda hoje facilmente encontramos grande parte dos seus romances em espaços de destaque no interior das livrarias. Todos os seus livros, inclusive os de cozinha, estão disponíveis em Portugal. Aqueles que contam com mais reimpressões na Difel são *A Casa dos Espíritos* (36), *Paula* (25), *De Amor e de Sombra* (24), *A Cidade dos Deuses Selvagens* (24) e *Eva Luna* (23). Verificam-se também várias reimpressões num único ano. Vejamos o caso de *De Amor e de Sombra* (Difel): 3.ª e 4.ª reimpressões em 1987, 14.ª e 15.ª em 2000, 16.ª e 17.ª em 2001, 20.ª e 21.ª em 2004 e 22.ª e 23.ª em 2005. Este romance, aliás, tem a particularidade de ter uma tradução brasileira adaptada ao português europeu, que se manteve em todas as edições das três chancelas. Por outro lado, *Paula* (com 25 impressões na Difel) teve uma espécie de epílogo com *Cartas a Paula: Leitores de Todo o Mundo Escrevem a Isabel Allende*, publicação da mesma casa editorial, de 1997, que, como o título indica reúne cartas recebidas pela escritora a propósito desta sua obra. Encontramos muitas outras marcas de sucesso. É o caso da edição especial em caixa *As Memórias da Águia e do Jaguar*, reunindo as traduções de *El bosque de los pigmeos*, *La ciudad de las bestias* e *El reino del dragón de oro* (Difel, 2006); a biografia *Isabel Allende: Vida e Espíritos*, de Celia Correas Zapata (Difel, 2001); a entrevista à escritora na edição de 10 de Novembro de 2011 do jornal *Dica da Semana* (de propriedade dos supermercados Lidl e de distribuição gratuita pelas caixas de correio e que normalmente recorre a actores e músicos em voga) a propósito do seu último livro, *Caderno de Maya*, com chamada e foto de primeira página; ou a peça de teatro *A Lua É Um Olho Preto*, levado à cena pela Trigo Limpo Teatro ACERT em 1997, a partir de um conto de Allende. No programa, José Rui Martins, autor do texto e da encenação, confessa a proximidade que sente em relação às obras da chilena e a sedução que estas para si têm representado ao longo dos anos:

> De há muito que a autora, Isabel Allende, ocupava a linha da frente da minha colecção de «amuletos», daqueles que se guardam bem à vista, que se querem ter sempre ali, a remirar-nos, ao mesmo tempo que nos vão moendo o consciente e espevitando memórias. [...] Primeiro, lêem-se os textos de passagem, ávida e naturalmente [...]. Depois, há esses instantes, breves, em que damos por nós a mastigar leituras de um autor que, por magia, se transforma em fazedor de imagens teatrais, em feiticeiro construtor de personagens, momentos e sentires que o palco reclama... Foi isto que Isabel Allende nos proporcionou, com os seus *Contos de Eva Luna* – a magia da narrativa, o teatro disfarçadamente escondido no deserto das situações e emoções. A ousadia de, ao jogar com o «simples», nos projectar para imaginários de múltiplas cores e palavras. (Martins 1997: 7)

Devemos ainda referir que o Plano Nacional de Leitura recomenda três obras de Allende: *A Cidade dos Deuses Selvagens*, *O Bosque dos Pigmeus* e *Zorro: O Começo da Lenda*.

Chegados ao fim deste possível «cânone» construído com base nos prémios Nobel e Cervantes e nos autores estudados por Jean Franco, José Miguel Oviedo e Giuseppe Bellini, temos ainda de fazer referência à obra de três outros autores, que, não fazendo parte destas listagens, constituem verdadeiros êxitos editorais em Portugal: a mexicana Laura Esquivel e os chilenos Roberto Bolaño e Luis Sepúlveda. Esquivel está presente com sete títulos em três editoras, publicados em datas próximas das edições originais. Duas, aliás, partilham o ano: *Tão Veloz como o Desejo* (2001) e *Malinche* (2006). Este facto indica que a sua editora, a Asa, pressupôs que a tradução seria uma aposta garantida. Parte dos seus livros tem várias impressões, nomeadamente *Como Água para Chocolate* (30 entre 1993 e 2009) e *A Lei do Amor* (17 entre 1996 e 2007). Este volume conta com uma inovação: é acompanhado por um CD com composições que devem ser escutadas em determinadas partes da leitura. Também no caso de Esquivel, encontramos uma ligação cinematográfica: o filme *Como Água para Chocolate*, adaptação do romance dirigida por Alfonso Arau em 1992.

A publicação e o êxito de Roberto Bolaño são recentes e avassaladores. Trata-se de uma verdadeira moda literária, devidamente aproveitada pelas casas editoriais, que inclusive publicaram obras críticas sobre o autor, como *Eu Sou Bolaño. O Escritor e o Mito*, de Celina Manzoni (Clube do Autor, 2011). Foram publicados em Portugal sete títulos do escritor entre 2003 e 2011, em três editoras. O sucesso principal verificou-se em 2008 e 2009 com *Os Detectives Selvagens* e *2666*. Como resultado deste êxito, só em 2010 foram editados dois títulos (*A Literatura Nazi na América* e *O Terceiro Reich*, este com duas impressões nesse ano) e a quarta impressão de *Os Detectives Selvagens*. Bolaño tornou-se uma referência, como podemos corroborar pela utilização de citações suas na apresentação de outros escritores, como acontece em *O Viajante do Século*, de Andrés Neuman (também de 2010), descrito na contracapa com duas frases de Bolaño[16].

Por seu lado, Luis Sepúlveda apresenta 17 títulos (um deles em parceria com Mario Delgado de Aparaín) distribuídos por quatro editoras, além de fazer parte de quatro antologias gerais. Afirma Giuseppe Bellini sobre o escritor chileno na sua *Nueva historia de la literatura hispanoamericana*:

> La afirmación de Luis Sepúlveda como narrador se debe sobre todo a su novela *Un viejo que leía novelas de amor* (1989), que tuvo gran éxito entre los lectores, de manera particular en Italia, como toda su obra sucesiva, hasta el punto de que el escritor dedica su más reciente novela, *La frontera extraviada* (1994), a los libreros italianos con agradecimiento. (Bellini 1997: 597)

Em Portugal, o cenário é semelhante: grande sucesso junto do público, em particular a partir de *O Velho Que Lia Romances de Amor*, estendendo-se às obras posteriores. O volume de vendas dos seus livros é alto. Por exemplo, *O Velho Que*

16 «El *Boom* de Roberto Bolaño en Portugal» é o tema de um artigo de María Fondo incluído em LÓPEZ, Magdalena, FERNANDES Ângela, BRANCO, Isabel Araújo, BORGES, Margarida, BALTAZAR, Raquel e MICELI, Sonia (Org.) (2014): *ACT 29. Literaturas e Culturas em Portugal e na América Hispânica: Novas Perspectivas em Diálogo*. Lisboa: Centro de Estudos Comparatistas (FL-UL), Edições Húmus.

Lia Romances de Amor teve 24 impressões na Asa (de 1993 a 2006) e *História de Uma Gaivota e do Gato Que a Ensinou a Voar* 16 (entre 1997 e 2005). Sepúlveda tornou-se, de facto, uma referência e a sua opinião é vista pelas editoras (e pelos leitores) como algo a respeitar. É, pois, frequente encontrarmos prefácios e citações suas em volumes de outros escritores. É o caso de *Naufrágios* e *Terra do Fogo*, do também chileno Francisco Coloane. Na contracapa do primeiro, podemos ler: «Devo-lhe a determinação final de me dedicar à escrita.» (Coloane 2005) Em 2004, a Asa publica uma separata de 17 páginas com uma entrevista a Sepúlveda, realizada por Miguel Carvalho em Gijón, em Agosto do ano anterior, e ilustrada com fotos do autor em diversas ocasiões, nomeadamente em Lisboa e no Porto. Este *À conversa com… Luis Sepúlveda* foi oferecido aos compradores de *Uma História Suja* (2004). Os responsáveis pelo Plano Nacional de Leitura também lhe reconhecem mérito ao incluir nas suas recomendações *O Velho Que Lia Romances de Amor*, *História de Uma Gaivota e do Gato Que a Ensinou a Voar* e *As Rosas de Atacama*. Curiosamente, duas traduções de livros de contos de Sepúlveda adoptam títulos de um dos textos para o título geral do volume, optando-se por não transpor o original (*Moleskine. Apuntes y reflexiones*/*Uma História Suja* e *Historias marginales*/*As Rosas de Atacama*).

A tradução é, pois, também um factor económico e um fenómeno de importação, como sustenta José Lambert em «Literatura, Traducción y (Des)colonización». Sepúlveda, Esquivel e Allende vendem milhares de exemplares em Portugal, um facto que não pode ser desprezado pelas editoras, que aspiram contar com escritores *best sellers* nos seus catálogos para sobreviver num mercado já por si difícil.

Chegados a este ponto e antes de avançar para conclusões mais gerais, analisemos os catálogos das editoras que incluem escritores hispano-americanos, procurando compreender os seus critérios na escolha de autores e obras, bem como as datas de publicação. Deixaremos de lado chancelas com um volume pouco relevante de edições. Teremos inevitavelmente de repetir alguns dados, embora agora abordados a partir de outra perspectiva.

II.I.II. Editoras

Passemos, pois, para a análise geral das editoras relevantes para o nosso estudo, por ordem alfabética. A Alfaguara editou três títulos hispano-americanos em 2009 e 2010, um deles traduzido do inglês, *A Estirpe*, de Guillermo del Toro e Chuck Hogan, autores ligados ao cinema. Na apresentação de outros livros, recorre-se a autores consagrados. Por exemplo, na contracapa de *A Arte da Ressurreição*, de Hernán Rivera Letelier, lemos que, de acordo com Manuel Vicent, presidente do júri do Prémio Alfaguara de Romance, esta obra «é um romance barroco ao estilo latino-americano e está à altura das obras de García Márquez, Juan Rulfo e Vargas Llosa» (Rivera Letelier 2010). Os originais destes livros são muito recentes, situação que pode ser explicada pelo perfil da própria editora: a Alfaguara é uma empresa espanhola e historicamente mantém uma relação privilegiada com a América Latina.

Encontramos 13 títulos de autores recentes na Ambar, todos com uma única edição, entre 2003 e 2007. Destaque para os nomes de Jorge Volpi, Eloy Urroz e Ignacio Padilla, três escritores mexicanos que fizeram parte da chamada «Generación del crack».

A Antígona tem quatro livros hispano-americanos, dois no início dos anos 1980 e os restantes do século XXI. No primeiro grupo, inclui-se *A Invenção de Morel*, de Adolfo Bioy Casares (1984 e 2003), com Prólogo de Jorge Luis Borges. Entre as obras mais recentes, destaque para *Poesia Cubana Contemporânea* (2009), uma edição bilingue em espanhol e português, com selecção, prefácio e notas do poeta cubano Pedro Marqués de Armas.

A Asa possui mais de 70 títulos hispano-americanos editados em várias colecções, constituindo uma das chancelas com mais obras e um conjunto diversificado de autores, alguns com grande reconhecimento do público, como Gabriel García Márquez (*Relato de Um Náufrago*, com diversas impressões em várias colecções), Luis Sepúlveda (quase todos os seus títulos até 2009, com o elevado número de impressões a que aludimos) e Laura Esquivel (outro êxito de vendas), mas também nomes com menos impacto no mercado, como Ángeles Mastretta, Alberto Manguel[17], Álvaro Mutis, Leonardo Padura, Osvaldo Soriano, Reinaldo Arenas, Santiago Gamboa e Tomás Eloy Martínez. A editora optou por traduzir do francês ou do inglês *O Que a Noite Conta ao Dia* e *O Passo Lento do Amor*, de Héctor Bianciotti, *O Cantor de Tango*, de Tomás Eloy Martínez, *Stevenson sob as Palmeiras*, de Alberto Manguel, e *A Rumba de Lázaro*, de Ernesto Mestre. Ao que parece, a atribuição de prémios literários constitui um dos critérios de publicação da Asa, dada a referência a estes nas capas e contracapas de diversos volumes. São prémios variados, grande parte desconhecidos do público português em geral: Prémio Alfaguara de Romance, Prémio da Crítica (Cuba), Melhor Romance Policial (Áustria), Prémio Las Dos Orillas, Prémio Dashiell Hammett da Associação Internacional de Escritores de Romances Policiais ou Prémio Planeta (Argentina).

---

17 Optámos por incluir no nosso levantamento as obras de Alberto Manguel escritas em espanhol (e não em inglês).

Os catálogos da Assírio & Alvim incluem autores importantes do «cânone»: César Aira, Jorge Edwards, Jorge Luis Borges, José María Arguedas, Mario Vargas Llosa, Octavio Paz, Sergio Pitol e Severo Sarduy. Trata-se de publicações verificadas nas últimas décadas, mas não em grande quantidade. No total, são 13 títulos. Há que atentar em dois aspectos interessantes. Por um lado, existem duas antologias dedicadas à América Hispânica: *O Mar na Poesia da América Latina* (1999) e *Quinze Poetas Aztecas* (2006). Por outro, a colecção «Outros lugares», que inclui cinco títulos vindos do subcontinente. Na nota editorial, afirma-se que a colecção publica «obras contemporâneas exemplares da escrita narrativa de regiões pretensamente mais periféricas ou de autores cujo malfadado destino comercial não lhes permitiu ter no nosso país o reconhecimento editorial que literariamente merecem» (Aira 2005: 2). A Assírio & Alvim assume, assim, a posição periférica das literaturas hispano-americanas no polissistema português e manifesta o seu desejo de contribuir para a sua difusão.

A Bertrand publicou essencialmente na década de 1970 e na primeira metade da de 1980. É um número reduzido de títulos, apesar da existência da colecção «Latinoamérica» que deu à estampa *Junta Cadáveres*, de Juan Carlos Onetti, *Os Cachorros. Os Chefes*, de Mario Vargas Llosa, e *O Recurso do Método*, de Alejo Carpentier. A colecção inclui ainda textos dos seguintes autores brasileiros: Ignacio de Loyola Brandão, Antônio Calado, Fausto Cunha, Carlos Heitor Cony, Gerardo Melo Mourão, Waldomiro Freitas Autran Dourado, José J. Veiga e Rubem Fonseca.

A Camões & Companhia é uma pequena editora do grupo Saída de Emergência, que decidiu relançar duas obras de Carpentier desaparecidas do mercado: *Os Passos Perdidos* (2010), com a tradução de António Santos publicada em 1981 pelas Edições 70; e *O Reino deste Mundo* (2011), numa nova tradução de José Manuel Lopes. Editou ainda *Melincué*, de María Cecilia Muruga (2010).

A Campo das Letras, entre 1996 e 2008, lançou 15 títulos em seis colecções, principalmente a «Campo da poesia», com obras de Nicolás Guillén, Roberto Juarroz e, em especial, Pablo Neruda. Aliás, esta casa editorial publicou a única peça de teatro de Neruda disponível em Portugal, *Fulgor e morte de Joaquín Murieta: Bandido Chileno Assassinado na Califórnia a 23 de Julho de 1853* (2007), e o único texto da autoria de Rigoberta Menchú – a guatemalteca que recebeu o Prémio Nobel da Paz em 1992 –, *O Pote de Mel. A História do Mundo numa Fábula Maia* (2006).

A Casa da América Latina tem dois títulos de distribuição gratuita, ambos de 2010, relacionados com a sua actividade e programação: *Tres Voces. Três Vozes*, que reúne os discursos dos vencedores do seu Prémio de Criação Literária de 2006, 2008 e 2010 nas respectivas cerimónias de entrega, Tomás Eloy Martínez, Senel Paz e Héctor Abad Faciolince; e *A Europa na Literatura Latino-Americana*, com as traduções realizadas em exclusivo para as sessões de leitura dramatizada homónimas, realizadas em 2009 e 2010, que inclui um excerto de *La consagración de la primavera*, de Alejo Carpentier, pela primeira vez traduzido em Portugal.

Com apenas 21 títulos hispano-americanos, a Cavalo de Ferro revolucionou, na primeira década do século XXI, a divulgação da prosa hispano-americana em Portugal. É esta editora que realmente lança Juan Rulfo – nome maior das letras hispânicas –, depois de uma discreta edição de *Pedro Páramo*, em 1980, pelas Edições 70. Rulfo tem, na Cavalo de Ferro, quatro títulos, entre eles *Obra Reunida* (2010). Denota-se uma tentativa da editora de recuperar clássicos desconhecidos ou quase desconhecidos em Portugal, mesmo que com décadas de intervalo em relação aos originais. Além de Rulfo, destacamos Roberto Arlt, com *Os Sete Loucos* (original de 1929, com edição portuguesa de 2003); Horacio Quiroga, com *Contos de Amor, Loucura e Morte* (1917/2003), *Contos da Selva* (1918/2004) e *Anaconda* (1921/2005); Adolfo Bioy Casares, com *O Sonho dos Heróis* (1954/2005), *Diário da Guerra dos Porcos* (1969/2006), *Plano de Evasão* (1945/2007) e *O Heróis das Mulheres* (1978/2008); Mario Benedetti, com as suas duas únicas obras no país, *A Trégua* (1960/2007) e *Obrigada pelo Lume* (1965/2008); e Julio Cortázar, com *O Jogo do Mundo. Rayuela* (1963/2008), *A Volta ao Dia em 80 Mundos* (1967/2009) e *Papéis Inesperados. Escritos inéditos* (2009/2010).

O Círculo de Leitores reedita sucessos de outras casas editoriais, de venda personalizada ao domicílio. O seu catálogo corresponde, ao longo dos anos, a um resumo dos êxitos editoriais em Portugal ou, pelo menos, de obras que interessam a um conjunto alargado de leitores. O número de textos recomendados pelo Plano Nacional de Leitura ilustra devidamente essa ideia. Entre 1973 e 2010, encontramos mais de 50 títulos hispano-americanos no Círculo de Leitores, sobressaindo os nomes de Antonio Skármeta, Carmen Posadas, Gabriel García Márquez, Isabel Allende, Laura Esquivel, Luis Sepulveda, Mario Vargas Llosa e Jorge Luis Borges, este com, entre outros, *Obras Completas* (quatro volumes) e *Obras em Colaboração* (dois volumes), uma verdadeira aposta de fôlego.

Além de *O Unicórnio*, de Manuel Mujica Láinez, a Cotovia publicou duas peças de Copi na série «Livrinhos de teatro», embora traduzidos do original francês. Como a editora recorda, «em Portugal, ficou famosa a proibição de *Eva*

Perón [de Copi] em 1975, com encenação de Filipe La Féria e Mário Viegas na protagonista»[18].

Como vimos, a Difel publicou livros de grande sucesso, como os de Isabel Allende e de Laura Esquivel, mas também outros com vendas bastante mais humildes de Augusto Roa Bastos, Jorge Edwards, Jorge Luis Borges, José Donoso, Octavio Paz, Rodrigo Rey Rosa, Sandra Sabanero, Senel Paz e Sergio Ramírez. Na página da internet de Sandra Sabanero, lemos que, graças ao êxito de *A Boda Mexicana* em Portugal, em 2005, foi publicado *A Varanda das Gardénias*, no ano seguinte, simultaneamente em Portugal e Espanha[19]. Em alguns casos, existem edições em datas relativamente próximas das originais, como *Casa de Campo*, de José Donoso (1978/1981), *Nova Antologia Pessoal*, de Jorge Luis Borges (1980/1983), *O Lobo, o Bosque e o Homem Novo*, de Senel Paz (1991/1996), *Vislumbres da Índia*, de Octavio Paz (1995/1998), e *Contravida*, de Augusto Roa Bastos (1994/1997).

A Dom Quixote, por seu lado, tem cerca de cem títulos hispano-americanos espalhados por mais de uma dezena de colecções. É a editora com mais autores «canónicos» nos seus catálogos, como Álvaro Mutis, Carlos Fuentes, Ernesto Sabato, Gabriel García Márquez, Guillermo Cabrera Infante, Jorge Luis Borges, Mario Vargas Llosa, Miguel Ángel Asturias, Octavio Paz, Pablo Neruda e Reinaldo Arenas. A partir de 2006, concentrou no seu catálogo os títulos de García Márquez inicialmente editados por outras chancelas, mas adoptando essas traduções. Em 2011, lançou *Contos Completos (1947–1992)*, que inclui 41 textos retirados de quatro obras. A Dom Quixote pôde, assim, passar a assumir-se como a editora de García Márquez em Portugal. Apresentando um ritmo constante ao longo de cinco décadas, foi uma das primeiras casas editoriais a publicar autores hispano-americanos em Portugal. Por exemplo, na colecção «Romances exemplares», edita seis obras de Miguel Ángel Asturias entre 1967 e 1971; nos seus «Cadernos de literatura», em 1971, *Aura*, de Carlos Fuentes, e *Literatura e Consciência Política na América Latina*, de Alejo Carpentier; e em «Galáxia», *O Mundo Alucinante*, de Reinaldo Arenas, no mesmo ano. Aposta também em nomes mais recentes, como o mexicano Jorge Volpi e o cubano Pedro Juan Gutiérrez. É, pois, o prosseguimento de um projecto que vem de trás, como Nuno Medeiros resume na sua dissertação de mestrado *Edição e editores portugueses. Prescrições, percursos e dinâmicas (décadas de 1940 a 1960)*:

---

18 Disponível in www.livroscotovia.pt/autores/detalhes.php?id=242, consultado a 2 de Janeiro de 2019.

19 Disponível in www.sandra-sabanero.com, consultado a 23 de Outubro de 2011.

> Em meados dos anos 1970 as Publicações Dom Quixote instalam-se como casa de edição de prestígio reconhecido e da afluência intelectual, enfileirando igualmente no núcleo das «grandes editoras» portuguesas, trajecto que acompanha os derradeiros anos do marcelismo, o convulsivo período revolucionário e o início do percurso rumo à estabilização democrática. (Medeiros 2007: 269)

A Caminho – que tem uma linha editorial de claro alinhamento político à esquerda – possui quase 20 obras, integradas em várias colecções, em especial em «Uma terra sem amos». Sabendo que o título desta colecção foi retirado da letra de *A Internacional*, podemos assumir que a Caminho integrou nela autores e obras de esquerda e possivelmente pretendeu chamar a atenção de leitores com a mesma tendência política. Contudo, encontramos na colecção obras sem conteúdo político, como *As Nuvens* (2001) e *A Investigação* (2002), ambas da autoria de Juan José Saer. Outras estão claramente relacionadas com os contextos sociais, económicos, culturais e políticos da América. Damos quatro exemplos: *A Última Mulher e o Próximo Combate*, de Manuel Cofiño, com Prefácio de Manuel Rojas, romance que aborda a implantação do processo revolucionário numa zona remota de Cuba e que, aliás, foi reeditado em 2010 pelas Edições Avante! (sem incluir, no entanto, o paratexto de Rojas); *Nosso Sangue*, do boliviano Jesús Lara (com Prefácio de Miguel Urbano Rodrigues e um glossário final de cinco páginas), que tem como protagonistas personagens quéchuas que, através das suas lutas, iniciaram novos processos sociais e políticos na Bolívia, nomeadamente uma reforma agrária; *Tiveste Medo do Sangue*, do já referido nicaraguense Sergio Ramírez (romancista, dirigente da FSLN e, à altura da publicação portuguesa, vice-presidente da Nicarágua), tendo como pano de fundo as transformações políticas nacionais ocorridas entre 1930 e 1961 e as relações com os países vizinhos; e, finalmente, *A Arpa e a Sombra*, do também cubano Alejo Carpentier, uma perspectiva alternativa (e também profundamente sarcástica) da visão tradicional e conservadora sobre Cristóvão Colombo, as suas quatro viagens à América e os primeiros anos de presença de representantes da Coroa espanhola no subcontinente. Entre as obras cubanas, devemos referir, além das duas citadas, *Sei Como Se Acendem os Corações: Artigos e Discursos*, como vimos a única obra de José Martí traduzida em Portugal, a propósito do seu 150.º aniversário, uma compilação da responsabilidade da editora; *Rolandos*, de Antonio Rodríguez Salvador, novela que mostra a Cuba quotidiana dos anos 1990, com aspectos positivos e negativos, num tom humorístico; *Os Homens da Cor do Silêncio*, de Alberto Molina, um policial estruturalmente inovador, que decorre durante uma operação de sabotagem da CIA na ilha; *Concerto Barroco*, de Carpentier, uma das obras cimeiras do neobarroco americano; *Sobre Um Monte de Lentilhas*, de Rodolfo Alpízar, tendo como protagonista um grupo de emigrantes espanhóis em Cuba e os seus descendentes; *Chimarrão. História de Um Escravo*, de Miguel Barnet, relato biográfico de Esteban Montejo, antigo escravo fugido; e *A Ilha Contada: Antologia de Contos Cubanos*, compilada por Francisco López Sacha e com textos de Senel Paz, Jesus, Diaz, Eduardo Heras, Maria Elena Llana, Angel Santiesteban, Reinaldo Montero, Abel Prieto, Luis Manuel Garcia, Felix Luis Vieira, Arturo Arango, Leonardo Padura, Guillermo Vidal, Abilio Estevez, Miguel Collazo, Miguel Mejides, Marilyn Bobes, Alberto Garrido, Mirta Yanez, Aida Bahr e Rolando Sanchez Mejias. Verificamos, pois, um forte peso relativo de obras cubanas no catálogo da Caminho. Este facto representa mais uma peça do sistema «Revolução Cubana» no interior do polissistema português, embora com um conteúdo político oposto à de autores referidos anteriormente, como Pedro Juan Gutierrez, Guillermo Cabrera Infante ou Reinaldo Arenas. Temos aqui, portanto, uma visão positiva do regime cubano, seja num registo mais heróico – como em *A Última Mulher e o Próximo Combate* –, seja num retrato da vida comum (longe do elogio) de *Rolandos*. É, assim, um segundo pólo que equilibrará o primeiro, embora numa editora mais pequena e com um número de obras mais reduzido.

No início da década de 1980, as Edições 70 deram um importante contributo para a divulgação das literaturas hispano-americanas em Portugal, através da colecção «Vozes da América Latina». Cada um dos nove volumes se inicia com a seguinte apresentação: «Autores de entre os mais representativos da literatura de diversos países do continente latino-americano constituirão esta colecção, que se pretende um contributo para o conhecimento de outros povos e culturas.» (Asturias 1980: 3). É, de certa forma, um manifesto editorial, com a afirmação do desejo desta chancela de alargar a cultura literária – e não só – dos leitores portugueses e reforçá-la no que diz respeito ao subcontinente. Notemos que esta apresentação não difere muito da colecção «Outros lugares», da Assírio & Alvim, já citada, que vem à estampa vinte anos depois, e sem limitações de ordem geográfica. Vale a pena indicar todos os títulos da colecção, por ordem de publicação, em 1980 e 1981: *Pedro Páramo*, de Juan Rulfo; *Huasipungo*, de Jorge Icaza; *Morte de Sevilha em Madrid e Outros Contos*, de Alfredo Bryce Echenique; *Casas Mortas*, de Miguel Otero Silva; *Homens de Milho*, de Miguel Ángel Asturias; *O Trovão entre as Folhas*, de Augusto Roa Bastos; *A Voragem*, de José Eustasio Rivera; *O Estaleiro*, de Juan Carlos Onetti; e *Os Passos Perdidos*, de Alejo Carpentier. Sem repetição de autores (e quase sem repetição de nacionalidades), «Vozes da América Latina» apresenta, em alguns casos pela primeira vez entre nós, um conjunto de obras e escritores fundamentais das literaturas hispano-americanas do século XX. Muitos destes títulos não voltaram a ser editados em Portugal. Aliás, exceptuando *Os Passos Perdidos*, não existem reimpressões de obras de «Vozes da América Latina», o que mostra que a colecção não constituiu um sucesso junto do público. Daí talvez também a própria colecção se ficar por nove volumes, um número tão próximo do redondo dez. Notemos, no entanto, que não foram anunciados títulos em «A publicar» que realmente não tivessem sido editados. Havendo um projecto mais alargado, este não foi anunciado. Curiosamente, para além destes títulos, não encontrámos outras obras hispano-americanas nos catálogos das Edições 70.

Passemos para a Estampa. A publicação das primeiras obras hispano-americanas por esta casa é contemporânea da segunda geração de edições da Europa-América, que veremos de seguida. Entre 1973 e 1988, são publicados sete títulos, dos quais se destacam *Histórias de Cronópios e de Famas* (1973) e *Todos os Fogos o Fogo* (1974), de Julio Cortázar, e *O Aleph*, de Jorge Luis Borges (1976). A colecção que integra quatro destas sete obras designa-se «Ficções». Coincidência ou elogio à obra homónima de Borges?

A Europa-América foi pioneira na publicação de obras hispano-americanas. *Filho de Ladrão*, de Manuel Rojas, data de 1956, seguindo-se *O Fazendeiro Aguilar*, de Enrique Amorim, em 1959, *Dona Bárbara*, de Rómulo Gallegos, em 1961, *História Universal da Infâmia*, de Jorge Luis Borges, em 1964, *Blow-Up e Outras Histórias*, de Julio Cortázar, e *Filho de Homem*, de Augusto Roa Bastos, ambas em 1968. Na década seguinte, temos *Cem Anos de Solidão* (1971), *Os Funerais da Mamã Grande* (1972), *O Enterro do Diabo* (1972), *Ninguém Escreve ao Coronel* (1972), *O Vento da Madrugada* (1972), *A Incrível e Triste História da Cândida Eréndira e da Sua Avó Desalmada* (1974) e *O Outono do Patriarca* (1978), de Gabriel García Márquez; *O Século das Luzes*, de Alejo Carpentier (1971); *Conversa na Catedral* (1972), *Pantaleão e as Visitadoras* (1975) e *A Cidade e os Cães* (1977), de Mario Vargas Llosa; *Heróis e Túmulos*, de Ernesto Sabato (1973); *A Traição de Rita Hayworth*, de Manuel Puig (1974); e *Confesso Que Vivi*, de Pablo Neruda (1975). Desde então, poucos têm sido os títulos hispano-americanos integrados nos catálogos da Europa-América, o que, contudo, não apaga o prestígio de ter sido a primeira chancela de, por exemplo, *Cem Anos de Solidão*, em Portugal. Como afirmámos anteriormente, parte destes romances foi editada a partir de traduções brasileiras adaptadas, uma forma mais económica de lançar livros no mercado relativamente comum na época.

Chegamos à Gótica, com três originais do ano 2000 publicados ao longo dos três anos seguintes: *Uma Infância Cubana*, de Zoé Valdés; *Sombras de Sombras*, de Ignacio Padilla; e *Noturno Chileno*, de Roberto Bolaño. A pequena editora Hiena tem apenas dois títulos, mas importantes: a única obra de Vicente Huidobro em Portugal (a antologia *Natureza Viva*, de 1986) e o livro sagrado dos maias, *Popol Vuh* (de 1994, com versão, prefácio e notas de Ernesto Sampaio).

Na Inapa, temos apenas Isabel Allende, com a reedição de 16 títulos entre 2009 e 2011. A Livros do Brasil possui seis obras, mas trata-se de primeiras edições em Portugal de títulos de autores como Borges, Sabato e Vargas Llosa. O Jornal publicou apenas duas obras de García Márquez, mas as duas primeiras edições de *Crónica de Uma Morte Anunciada* (com seis impressões entre 1982 e 1991) e *A Aventura de Miguel Littín Clandestino no Chile* (duas impressões em 1988 e 1989). Outra pequena editora, O Oiro do Dia, possui dois livros que incluem autores hispano-americanos: em 1982, *Arquitectura de Signos*, de Ulalume González de León, traduzido pelo poeta António Ramos Rosa (no mesmo volume, *Amorgos. A Uma Estrela Verde*, de Nikos Gatsos); e, em 1987, *Discurso para os Grandes Dias de Um Jovem Chamado Pablo Picasso de Louis Aragón e Outros Poemas de Pablo Neruda e de Rafael Alberti*, com poemas de Pablo Neruda, Louis Aragón e Rafael Alberti.

Quatro colecções da Oficina do Livro acolhem 16 títulos pertinentes para o nosso estudo, publicados entre 2000 e 2011. Fazem parte da colecção «Ficção» autores mais recentes e fora do «cânone», como Alejandro Jodorowsky e Guillermo Arriaga. *Póstuma*, de Lina Meruane, é a única edição desta obra fora do Chile. Na colecção «Ovelha negra» estão integrados autores «canónicos», como Adolfo Bioy Casares, Augusto Monterroso, Felisberto Hernández, Jesús Zárate, José Emilio Pacheco e Silvina Ocampo. Como vimos anteriormente, alguns dos títulos desta colecção correspondem às únicas obras dos autores em Portugal.

Entre 2009 e 2011, a Porto Editora publicou 13 textos de escritores que, até pouco antes, faziam parte de outros catálogos. Trata-se de mudanças decorrentes das profundas alterações do mundo editorial português verificadas nessa época, em particular da concentração das editoras em grandes grupos e da transferência de editores entre empresas. São, no geral, autores já conhecidos do público, como Isabel Allende, Leonardo Padura, Luis Sepúlveda e Tomás Eloy Martínez, nuns casos com livros já com muitas impressões (*História de Uma Gaivota e do Gato que a Ensinou a Voar*), noutros com primeiras edições (*Purgatório* ou *O caderno de Maya*). Estas publicações prosseguiram em 2012 com a tradução de originais recentes, como *Adão no Éden*, de Carlos Fuentes, publicado inicialmente no México três anos antes.

A Presença levou à estampa 13 obras, entre 1970 e 2011. Podemos dividir estas publicações em dois períodos: por um lado, entre 1970 e 1989; e, por outro, entre 1999 e 2011. Na primeira fase, temos cinco livros que podemos incluir no «cânone»: *Antologia Poética*, de Nicolás Guillén (1970); *O Reino deste Mundo*, de Alejo Carpentier (1971); *Narrativa Cubana da Revolução* (1971); *Nove Ensaios Dantescos*, de Jorge Luis Borges (1984); e *Uma Terra, Quatro ou*

Cinco Mundos: Reflexões sobre História Contemporânea, de Octavio Paz (1989). Num intervalo de 19 anos, cinco títulos é um número muito reduzido. Ainda assim, este conjunto é composto por obras importantes de vários géneros: poesia, novela, conto e ensaio. Um dos aspectos mais relevantes é a publicação de *Narrativa Cubana da Revolução*, 12 anos após a vitória do movimento revolucionário naquele país caribenho e ainda sob a censura – então menos apertada – da ditadura portuguesa. Esta é uma das primeiras manifestações de interesse editorial pela Revolução Cubana. O volume inclui textos de Alejo Carpentier, Félix Pita Rodríguez, José Lezama Lima, Virgílio Piñera, Onélio Jorge Cardoso, Gustavo Eguren, Humberto Arenal, Jodé Lorenzo Fuentes, César Leante, Guillermo Cabrera Infante, Edmundo Desnoes, Jaime Sarusky, Antonio Benítez, Lisandro Otero, David Buzzi, Ambrósio Fornet, César López, Luis Aguero e Reinaldo Arenas. É completado por breves apresentações de cada autor e um Prefácio de Serafim Ferreira com o título «Uma literatura desenvolta e comprometida». Aí, Ferreira admite que a Portugal chega apenas o «reflexo em segunda ou terceira mão» (Ferreira 1971: 7) da literatura cubana contemporânea, considerando que esta «se impõe, sem favor como uma das mais preponderantes no meio desta súbita vaga (aliás, bem justificada) de valorização da actual literatura da América Latina» (Ferreira 1971: 10). Serafim Ferreira dá antecipadamente resposta a possíveis críticas a este volume, afirmando que «não podemos deixar de manifestar sincera admiração por uma literatura que está longe de ser elementar, primária e mostrar-se subordinada a princípios estéticos limitados e estreitos» (Ferreira 1971: 13). E remata: «Enfim, uma boa perspectiva que se abre aos nossos leitores para um melhor conhecimento da actual literatura cubana.» (Ferreira 1971: 13) Um ensejo, pois, de contribuir para a sua divulgação em Portugal, que, como vimos, mais tarde se repetirá. O papel vanguardista da Presença e a sua «orientação predominantemente cultural» (AAVV 1974: 262) – que Nuno Medeiros salienta na sua dissertação – expressa-se também nesse volume e no Prefácio. Não podemos deixar de notar um erro geográfico cometido por Serafim Ferreira, quando inclui na categoria «criadores sul-americanos» o mexicano Carlos Fuentes e o guatemalteco Miguel Ángel Asturias, um engano, aliás, que se repetirá com frequência em outros textos sobre a América Latina, fruto do desconhecimento geral sobre a região que se verifica em Portugal. Depois de dez anos sem dar à estampa autores hispano-americanos, a Presença retoma a sua publicação em 1999, na colecção «Grandes narrativas», que conta com centenas de títulos, entre eles *best sellers* de Nicholas Sparks, Susanna Tamaro e Patrick Süskind. São oito livros da autoria de Héctor Abad Faciolince, Laura Restrepo, Hernán Huarache Mamani e Hernán Rivera Letelier, um número sem dúvida reduzido tendo em conta a dimensão da colecção. Trata-se de escritores que se destacaram no panorama americano, mas que ainda não são reconhecidos pela generalidade do público português. A Presença não aposta, portanto, em autores com sucesso garantido repetindo fórmulas já experimentadas, antes mantém-se, de certa forma, fiel ao seu anterior papel vanguardista, no que às literaturas hispano-americanas diz respeito.

Vejamos a Quetzal. O próprio nome da editora é de inspiração latino-americana, sendo o quetzal uma ave mítica sagrada para civilizações pré-colombinas, que persistiu no imaginário dos povos centro-americanos e cuja simbologia é ainda hoje reconhecida oficialmente: o quetzal é o símbolo da Guatemala e dá nome à moeda nacional. Haverá, portanto, à partida uma identificação da editora com as literaturas hispano-americanas. Os seus livros, aliás, costumam apresentar uma explicação sobre a designação. Transcrevemos a versão de 1993, ligeiramente alterada em anos posteriores:

> Quetzal, ave trepadora da América Central (Guatemala), que morre quando privada de liberdade; raiz e origem de Quetzalcoaltl (serpente emplumada com penas de quetzal), herói epónimo dos Toltecas cuja alma segundo reza a lenda teria subido ao céu sob a forma de Estrela da Manhã. (García Márquez 1993)

No total, são mais de 40 obras, entre 1989 e 2011. A colecção mais antiga, «Serpente emplumada», inclui textos de Gabriel García Márquez, Hernán Rivera Letelier e Marcela Serrano, com várias reimpressões, em particular dos livros do primeiro. Encontramos obras suas também na colecção «Graffiti», bem como de Julio Cortázar. Desde 2008, os textos hispano-americanos têm sido concentrados na «Série Américas», com títulos de Andrea Blanqué, Álvaro Uribe, Eduardo Belgrano Rawson, Élmer Mendonza, Evelio Rosero, Gonzalo Castro, Gonzalo Celorio, Guillermo Cabrera Infante, Héctor Abad Faciolince (que recebeu o Prémio Literário Casa da América Latina/Banif de Criação Literária 2010 com *Somos o Esquecimento Que Seremos*), Karla Suárez, Leila Guerriero, Manuel Puig, Mario Vargas Llosa, Mempo Giardinelli, Milton Fornaro, Pablo Ramos, Pola Oloixarac e Roberto Bolaño. Este grupo, de forma geral, é constituído por autores que pertencem às novas gerações de autores do subcontinente. Em 2012, foi lançada a «Série Jorge Luis Borges», com dois títulos já antes publicados em Portugal: *História da Eternidade* e *O Livro de Areia*. A Quetzal constitui, sem dúvida, uma das mais importantes editoras de literaturas hispano-americanas no país, tendo ganhado protagonismo nesse âmbito nos últimos anos, pois chega a estrear a tradução de algumas obras. É o caso de *Havana, Ano Zero*, de Karla Suárez («Primeira edição mundial», como é anunciado na capa) e *O Terceiro Reich*, de Roberto Bolaño (primeira tradução mundial, apresentada no Festival Correntes d'Escrita de 2010, na Póvoa do Varzim).

A QuidNovi publicou três obras recentes de Amalia Decker Márquez, Cecilia Samartin e Claudia Piñero, ao passo que a Relógio d'Água possui 11 títulos, entre eles três antologias: *Antologia Poética*, de César Vallejo (1992), *Antologia de Pablo Neruda* (1998) e *Contos de Futebol* (2002). No seu catálogo, constam vários autores «canónicos»: César Vallejo, Ernesto Sabato, Jorge Luis Borges, Juan Carlos Onetti, Manuel Puig e Pablo Neruda. A Temas e Debates editou 17 títulos, entre 1999 e 2005, em particular Carmen Posadas (seis obras), mas também nomes como Mempo Giardinelli e Ricardo Piglia. Verificamos uma concentração de edições em 2005.

Chegamos a outra das principais editoras de autores hispano-americanos, a Teorema, responsável pelo lançamento de uma série de escritores importantes em Portugal. e pela corajosa publicação, em 1998 e 2002, das *Obras Completas* (em quatro volumes) e *Obras em Colaboração* (dois volumes) de Jorge Luis Borges. Estas incluem traduções anteriormente editadas e outras realizadas para o projecto, contando com o trabalho de 13 tradutores. Como afirmou Carlos da Veiga Ferreira, antigo editor da Teorema, em entrevista, estas constituem «uma coroa de glória» (2001: 18) da chancela. Encontramos quatro outros títulos do escritor argentino (alguns em parceria com outros autores), entre eles *Este Ofício de Poeta*, numa edição de capa dura de 2002. O primeiro hispano-americano a ser dado à estampa pela Teorema foi Osvaldo Soriano, em 1974, com *Triste, Solitário e Final*, mas a edição de obras vindas do subcontinente aumentou exponencialmente a partir de meados dos anos 1990, com títulos de Alberto Manguel, Alejandro Zambria, Alfredo Bryce Echenique, Antonio Skármeta, Fernando Vallejo, Francisco Coloane, Gabriela Mistral, Gonzalo Celorio, Horacio Castellanos Moya, Julio Cortázar, Óscar Málaga Gallegos, Ricardo Piglia, Roberto Bolaño, Santiago Roncagliolo e Zoé Valdés. Os anos de 2002 e 2007 foram particularmente produtivos, com uma concentração de publicações. Em 2010, com a inclusão da Teorema na Leya, parece perder-se esse impulso e até a relação privilegiada da editora com a América Hispânica. No seu catálogo, o único título proveniente da região datado de 2011 é *Alvo Nocturno*, de Ricardo Piglia. A Teorema destaca-se igualmente pela publicação de obras sobre a América, contribuindo deste modo para um aprofundamento do seu conhecimento junto do público português. Referimo-nos, por exemplo, a *Conquistadores, Piratas e Mercadores: a Saga da Prata Espanhola*, *Vida do Capitão Alonso de Contreras (1582–1633)*, *El Dorado* e *Naufrágios*, respectivamente dos conquistadores espanhóis Francisco Vásquez e Álvar Núñez Cabeza de Vaca.

A Ulisseia tem muito poucos títulos hispano-americanos, mas há que assinalar a publicação em 2010 de dois livros de Hernán Rivera Letelier e Manuel Puig. Nesse ano, a editora passou a integrar nos seus quadros Hugo Xavier, vindo da

Cavalo de Ferro, o que pode explicar essas opções editoriais. Finalmente, a Vega integra discretamente autores hispano-americanos nas suas colecções, mas conta com nomes fundamentais como Jorge Luis Borges, Octavio Paz e Pablo Neruda, mas também Horacio Quiroga, José Lezama Lima, Leopoldo Lugones, Manuel Mujica Láinez e Severo Sarduy. Saliente-se a publicação de volumes de poesia.

Deixámos para o final a referência a colecções antológicas, em geral com preços baixos e de venda em tabacarias, mas não exclusivamente. É o caso da colecção de bolso «Bisleya», do grupo Leya, que disponibiliza títulos nacionais e estrangeiros editados em Portugal nas últimas décadas. No âmbito do nosso trabalho, temos cinco textos: *História Universal da Infâmia*, de Jorge Luis Borges (uma tradução de José Bento corrigida a partir da da Assírio & Alvim); *O Falador* e *A Festa do Chibo*, de Mario Vargas Llosa; *Memória das Minhas Putas Tristes*, de Gabriel García Márquez; e *O Carteiro de Pablo Neruda*, de Antonio Skármeta. Parece-nos uma aposta pouco audaz, mesmo para uma colecção de livros de bolso, voltando a autores e obras bem conhecidos do público. Esta conclusão pode ser aplicada no global a outras séries, como a da «Biblioteca Visão» da revista *Visão* (*Ficções*, de Jorge Luis Borges, e *Ninguém Escreve ao Coronel*, de Gabriel García Márquez); «Prémio Nobel» do jornal *Diário de Notícias* (*A Incrível e Triste História da Cândida Eréndira e da Sua Avó Desalmada*, de Gabriel García Márquez; *O Senhor Presidente*, de Miguel Ángel Asturias; *Confesso que Vivi*, de Pablo Neruda; e *O Macaco Gramático*, de Octavio Paz); «Biblioteca Sábado» da revista *Sábado* (*A Tia Julia e o Escrevedor*, de Mario Vargas Llosa; *O Carteiro de Neruda*, de Antonio Skármeta; *Malinche*, de Laura Esquivel; *Os Cadernos de Dom Rigoberto*, de Mario Vargas Llosa; e *O Plano Infinito*, de Isabel Allende); ou «Narrativa actual» da RBA Editores (*O Velho Gringo* e *Constancia e Outras Novelas para Virgens*, de Carlos Fuentes; *Cem Anos de Solidão*, *Doze Contos Peregrinos* e *O General no Seu Labirinto*, de Gabriel García Márquez; *Conversa na Catedral*, *A Tia Julia e o Escrevedor*, *História de Mayta* e *Quem Matou Palomino Molero?*, de Mario Vargas Llosa; *Pedro Páramo*, de Juan Rulfo; *Os Passos Perdidos*, de Alejo Carpentier; e *Bestiário*, de Julio Cortázar). A colecção antológica que terá tido mais impacto junto do público nos últimos anos é a «Mil Folhas», do jornal *Público*, que estudaremos no subcapítulo seguinte.

Devemos destacar a importância das antologias na apresentação da literatura hispano-americana, tanto com obras que incluem vários escritores, como outras de um único autor. Encontramos vinte obras, em particular de poesia: *O Homem Invisível* (1964), *Antologia* (1998) e *Poemas de Amor* (2010), de Pablo Neruda; *Narrativa Cubana da Revolução* (1971); *Poemas de Resistência Chilena* (1977); *Antologia* (1981) e *Antologia Poética* (1992), de César Vallejo; *Antologia Poética*, de Octavio Paz (1984); *Poemas Escolhidos*, de Jorge Luis Borges (1985); *Natureza*

Viva, de Vicente Huidobro (1986); *A Ilha Contada: Antologia de Contos Cubanos* (1996); *Os Amorosos e Outros Poemas*, de Jaime Sabines (1996); *No Avesso do Mundo*, de Juan Gelman (1998); *O Mar na Poesia da América Latina* (1999); *Contos Apátridas* (2001); *Antologia Poética*, de Alejandra Pizarnik (2002); *Histórias do Mar* (2002); *Contos de Futebol* (2002); *Quinze Poetas Aztecas* (2006); e *Poesia Cubana Contemporânea: Dez Poetas* (2009). A antologia constitui uma das primeiras formas de dar a conhecer um autor ou uma literatura em sistemas pouco receptivos ou que os desconhecem até então. A edição em Portugal de antologias hispano-americanas ao longo das décadas constitui, pois, mais um reflexo do desconhecimento geral a que temos vindo a fazer referência.

O total de editoras constante na nossa lista não é pequeno, contudo o número de títulos hispano-americanos é sempre humilde se comparado com o valor absoluto de obras que compõem os catálogos editoriais. Podemos encontrar um número importante de textos editados mas, em geral, este têm pouca divulgação e pouco reconhecimento pelo público e pelos críticos. Tal torna-se evidente nas escassas reimpressões existentes. A insistência nos autores consagrados vem de trás. Afirma Nuno Medeiros a propósito do panorama editorial dos anos 1950 e 1960:

> Publicar um autor ou uma obra que venha de fora pode significar uma redução do risco inerente ao devir editorial. Apostar num nome estrangeiro faz-se, em princípio, num contexto de teste prévio à sua capacidade de venda, situação impossível com autor autóctone, especialmente se editado. A diminuição de custos e de risco é, com efeito, factor de primordial relevância na actuação das editoras [...]. (Medeiros 2007: 269)

De certa forma, este cenário mantém-se ainda hoje no que diz respeito à América Latina. Uma parte considerável dos escritores editados recebeu prémios, é já muito popular em Portugal ou faz sucesso noutros países, como mostram as referências nas capas e contracapas. Há, portanto, uma aproximação à lógica da *bestsellerização*. Os editores Alberto Valente e João Rodrigues reconhecem esta situação, numa referência à literatura cubana que é legítimo estender a todas as literaturas hispano-americanas. O primeiro afirma que «é raro que um livro seja publicado se não fez sucesso noutros mercados europeus ou anglo-saxónicos» (Ribeiro 2012: 11), enquanto o segundo explica que «às vezes os autores vêm já prefigurados de campanhas internacionais. O que chega cá é uma repercussão do êxito francês ou espanhol. Quando queremos publicá-los do zero é dificuldade brutal.» (Ribeiro 2012: 11) Esta *bestsellerização* apoia-se nomeadamente no cinema. Este foi, de facto, importante na imposição de algumas obras (mais do que autores) em Portugal. Muitos leitores não reconhecem os nomes de Skármeta ou Puig, mas sim os seus livros, ou melhor, os filmes que tiveram origem nos seus livros. Daí recorrentes referências nas capas de Skármeta como «Do autor de *O Carteiro de Neruda*». Neste âmbito, podemos citar vários filmes, como *Blow Up* (Michelangelo Antonioni, 1966), *O Beijo da Mulher Aranha* (Hector Babenco, 1985), *O Velho Gringo* (Luis Puenzo, 1989), *Como Água para Chocolate* (Alfonso Arau, 1992), *A Casa dos Espíritos* (Bille August, 1993), *O Carteiro de Pablo Neruda* (Michael Radford, 1994), *Antes Que Anoiteça* (Julian Schnabel, 2000), *El bufalo de la noche* (Jorge Hernández Aldana, 2007) e *A Dança da Victoria* (Fernando Trueba, 2009). Uma sondagem sobre hábitos de leitura dos portugueses publicada pela *Ler* em 1993 reflectia esta realidade. A revista associava a inclusão de *A Casa dos Espíritos*, de Isabel Allende, e *O Silêncio dos Inocentes*, de Robert Harris, entre os livros mais lidos ao facto de o primeiro «ter sido vencedor da edição dos Óscares de há dois anos, em Hollywood, e de recentemente terem decorrido em Portugal as filmagens de *A Casa dos Espíritos*, com Jeremy Irons, Glenn Close, Meryl Streep e Antonio Banderas». (1993: 123)

Muitos dos títulos existentes estão fora do mercado há décadas e muitos outros foram publicados recentemente. De facto, verifica-se uma tentativa de aproximação ao «cânone» hispano-americano, com publicação de autores fundamentais das literaturas do subcontinente por um conjunto de editoras portuguesas, algumas de pequena dimensão. É o caso da Ahab, Angelus Novus, Camões & Companhia, Campo das Letras, Cavalo de Ferro, Estratégias Criativas, Hiena, Oficina do Livro e Sudoeste/Sextante. Como vimos, um número significativo destas obras apresenta um intervalo de várias décadas entre a data do lançamento do original e a data da versão portuguesa. Este panorama parece corresponder a um reconhecimento editorial de uma grave lacuna no sistema tradutório português e da importância destes autores na literatura mundial[20]. Como Itamar Even-Zohar enuncia, os critérios de selecção das

---

20 Utilizemos um inquérito por nós realizado em 2012, no âmbito de uma comunicação apresentada em Salamanca ao Congresso Ibero-Americano das Línguas na Educação, sobre «O ensino das Literaturas Hispano-Americanas na Universidade Nova de Lisboa». O inquérito a antigos alunos da referida disciplina revela que muitos deles só no decorrer da disciplina tomam contacto com nomes de referência destas literaturas, como José Martí, Rubén Darío, Alejo Carpentier, Juan Rulfo e Julio Cortázar. Apenas Gabriel García Márquez e Isabel Allende eram conhecidos (ou reconhecidos) por todos os inquiridos, ao passo que escritores fundamentais eram totalmente ignorados, como é o caso de José Eustasio Rivera, José Lezama Lima, Roberto Arlt e Rómulo Gallegos. Apenas um número baixo de alunos reconhece autores como Augusto Roa Bastos, César Vallejo, Guillermo Cabrera Infante, José Donoso, Juan Carlos Onetti e Miguel Ángel Asturias. Consultar Branco, Isabel Araújo. «O ensino das Literaturas Hispano-Americanas na Universidade Nova de Lisboa». *Congreso Iberoamericano*

obras traduzidas são determinados pelo polissistema local, visto que os textos são escolhidos tendo em conta a sua compatibilidade com as novas tendências e com o papel supostamente inovador que podem assumir no sistema receptor. O facto de serem pequenas editoras reflecte o empobrecimento dos critérios editoriais das grandes casas, em particular após o surgimento do grupo Leya e da aglutinação no seu seio de um considerável número de editoras até aí independentes, mas simultaneamente a vitalidade do panorama editorial português, que face a esta alteração, reage através do surgimento de novas pequenas casas editoriais, como a Teodolito, Ahab ou Livros de Areia, bem como o prosseguimento de projectos editoriais de dimensão média que surgiram poucos anos antes, como a Cavalo de Ferro. Estas parecem apostar menos na *bestsellerização* do que na qualidade literária, mesmo se recorrem ao argumento dos prémios literários internacionais nas estratégias de *marketing* comercial. Estas editoras parecem adoptar, nas primeiras décadas do século XXI, o papel desempenhado nos anos de 1960 e 1970 por casas como a Presença e a Dom Quixote, assumindo uma missão de esclarecimento e divulgação[21]. Devemos também salientar um conjunto de editoras que publicam autores mais recentes das literaturas hispano-americanas, como a Alfaguara, Ambar, Antígona, Gótica, Oficina do Livro, Presença, Quetzal e QuidNovi.

Podemos, pois, afirmar que nas últimas décadas surgiu um novo repertório literário no polissistema português – novos livros hispano-americanos nos anos 1970 e 1980 e na primeira década do século XXI – e um novo repertório cultural geral – uma outra imagem da América Latina no país, associada, a partir dos anos 1960, à Revolução Cubana (pró e contra) e ao processo político do Chile (revolução e ditadura), mas também um novo repertório português, em parte dialogante com aquele. Estes são, portanto, novos produtos sociossemióticos.

Como considera Itamar Even-Zohar, alguns indivíduos são aceites como fornecedores reais ou potenciais de novos elementos e os produtos deste grupo de produtores competem no mercado com mais força. É o que acontece com os

---

de las Lenguas en la Educación (2012). 8 Junho 2019 <www.oei.es/congresolenguas/comunicacionesPDF/Araujo_Isabel.pdf/>

21 Estas questões foram estudadas por Nuno Medeiros na referida dissertação de mestrado em Sociologia Histórica *Edição e editores portugueses. Prescrições, percursos e dinâmicas (décadas de 1940 a 1960)* (2007) e por Margarida Macias Borges na sua dissertação de mestrado em Estudos do Texto *A recepção do Boom literário latino-americano pela imprensa literária e pelo meio editorial portugueses (finais dos anos 60-finais dos anos 80)* (2009), ambas defendidas na Universidade Nova de Lisboa.

nomes de García Márquez, Borges e Sepúlveda, não apenas com os seus próprios livros, mas igualmente com a necessidade das editoras de recorrer a prefácios e afirmações suas sobre outros autores. Uma recensão crítica assinada por Alexandre O'Neill ilustra este facto. Escrevia o poeta, em 1984, a propósito de *Antologia da Novela Hispano-Americana*: «Claro que o livro, apesar destas ressalvas todas, reúne escritores, conhecidos e desconhecidos, do maior interesse, evitando, com inteligência, dois grandes monstros sagrados: Borges e García Márquez, já por de mais conhecidos do público português.» (O'Neill 1984: 12) No caso do escritor colombiano, a sua importância é visível também na publicidade aos seus livros publicados na imprensa desde há vários anos (por vezes de página inteira, como no *Jornal de Letras* de 23 de Agosto de 1988), na publicação de crónicas suas na imprensa periódica (*Jornal de Letras*, entre 1981 e 1984, com início, sublinhe-se, antes da atribuição do Prémio Nobel), bem como na utilização de títulos das suas narrativas (com frequência parafraseados) em artigos sobre outros temas. Vejamos alguns exemplos: «Crónica de uma rebelião anunciada» (1987: 38) (na *Revista*, *Expresso*, sobre uma crise política argentina), «Crónica de uma morte denunciada» (1993: 25) (também na *Revista*, *Expresso*, sobre a eutanásia), «Cem anos de ficção» (1997a: 21) (no *Jornal de Letras*, acerca da literatura lusófona de Macau), «Cem anos de maldição» (1997b: 1) (igualmente no *Jornal de Letras*, a propósito de António Botto), «O general no seu labirinto» no *Cartaz* do *Expresso* (2001: 55) (lançamento de *A Festa do Chibo*, de Mario Vargas Llosa) ou «O Outono da matriarca» (2003: 42) (novamente no *Jornal de Letras*, sobre Judith Malina). Encontramos igualmente referências a Borges em textos sobre outros escritores ou temas. É o caso da entrada a uma entrevista a Jorge Silva Melo publicada pela *Ler* em 2001:

> O princípio é borgiano, a biblioteca – a que outros chamam universo – é composta de um número infinito de estantes. As nossas viagens por esse labirinto são sempre em busca de qualquer coisa. Embora muitas vezes o nosso fado seja outro. São mais as viagens do que os destinos que fazem a nossa vida. Uma pessoa é aquilo que faz, que come, mas também aquilo que leu e, sobretudo, tudo o que deixou na estante em busca de melhores dias. (Almeida 2001: 6)

O «Aleph» de Borges inspirou mesmo para uma colecção da editora Labirinto, lançada em 1987 com o objectivo de divulgar obras desconhecidas do grande público no campo da filosofia e histórias da religião. O escritor argentino deu origem também a textos apócrifos – como «O sal da terra» (Domingos 1991: 54–56), discurso de aceitação do Prémio Nobel imaginado por Paulo da Costa Domingos e publicado pela *Ler* em 1991 – e o seu nome surge frequentemente como referência de escritores e intelectuais portugueses, como Nuno

Júdice («Nas estantes, que cobrem as paredes [do seu escritório], aparecem também fotografias de escritores, de Borges a Zola [...].» (Pombeiro 1999: 91), lemos numa reportagem da *Ler*) e Manuel António Pina (que, segundo dizia a mesma revista em 2008, «só admite voltar a publicar quando for atingido pelo "remorso" de que falava Jorge Luis Borges a propósito do escritor que está muito tempo em pousio» (Corvacho 2008: 89)).

Even-Zohar afirma que a literatura traduzida está em si mesmo estratificada, com diferentes secções a ocupar posições mais centrais e mais periféricas. No centro do polissistema português estão, sem dúvida, os autores que surgem com maior frequência, nomeadamente nas colecções antológicas, em particular Borges, García Márquez, Vargas Llosa, Sepúlveda e Allende, ocupando os restantes lugares na periferia. Even-Zohar defende também que a literatura traduzida tem um papel fundamental na configuração do polissistema e que faz parte das forças inovadoras. Desde o início do século XXI, o polissistema português pode, com efeito, estar a mudar devido ao aumento de traduções de obras hispano-americanas.

Vejamos, agora, o caso da colecção «Mil Folhas», que escolhemos pelo objectivo de representatividade declarado pelos seus responsáveis e pela sua imensa divulgação no País, estando fortemente presente nas bibliotecas privadas e públicas.

II.I.III. Colecção «Mil Folhas», do jornal *Público*

Entre 2002 e 2004, o jornal *Público* – diário de referência de circulação nacional – publicou a colecção de livros «Mil Folhas», lançando um conjunto inicial de trinta volumes, que, devido ao sucesso de vendas, foi prolongado para cem (e três livros extracolecção, incluindo uma antologia de contos de Natal lusófonos). Deste conjunto, encontramos apenas seis livros hispano-americanos: *O Outono do Patriarca*, de Gabriel García Márquez (número 4); *Paula*, de Isabel Allende (número 12); *Diário de Um* Killer *Sentimental*, de Luis Sepúlveda (número 33); *Ficções*, de Jorge Luis Borges (número 39); *Lituma nos Andes*, de Mario Vargas Llosa (número 60); e *O Túnel*, de Ernesto Sabato (número 72). No total, temos 19 obras norte-americanas, 17 portuguesas, 16 inglesas, nove francesas, oito italianas, cinco russas, provindo as restantes da Irlanda (três livros), Chile, Argentina, Espanha, Brasil, Alemanha, República Checa, Áustria (dois cada), Colômbia, Peru, Angola, Moçambique, China, Índia, Austrália, Líbano, Canadá, Dinamarca e África do Sul (um cada).

Na Introdução ao *Guia de Leitura* da colecção editado em 2004, o então director do *Público* considera que se trata de uma «experiência inédita» em

Portugal: publicar «uma colecção de obras seleccionadas, de grande qualidade, com boas encadernações, e oferecê-las aos seus leitores por um preço acessível» (Fernandes 2004: 5), num projecto «cultural e de intervenção cívica» (Fernandes 2004: 6). José Manuel Fernandes recorda a opção inicial por trinta títulos e uma «tiragem ambiciosa para os padrões da edição portuguesa» que, contudo, «excedeu todas as expectativas» (Fernandes 2004: 5) com a venda de cinco milhões de exemplares, numa média de 50 mil exemplares por obra. O *Guia de Leitura* inclui textos de quatro intelectuais portugueses, publicados inicialmente no jornal. Eduardo Lourenço refere a escolha de «livros já clássicos ou aspirando a sê-lo» (Lourenço 2004: 9) que estará na origem da colecção e manifesta o desejo de esta contribuir para a descoberta de novas obras e autores, «sobretudo entre nós, onde pouco se lê» (Lourenço 2004: 9). Eduardo Prado Coelho considera a lista inicial da colecção «exemplar» (Prado Coelho 2004: 12), fazendo referência à «transbordância romanesca latino-americana com García Márquez» (Prado Coelho 2004: 13). Vasco Graça Moura, por seu lado, defende que «os principais beneficiados são todos aqueles que normalmente estão arredados do contacto regular com o livro ou da disponibilidade habitual de grandes textos, mesmo de ficção» (Moura 2004: 12), saudando as iniciativas que estimulem a leitura e a difusão cultural e que acabam por funcionar como um serviço público. Finalmente, Fernando Pinto do Amaral considera que se trata de um importante estímulo de leitura e revela a sua expectativa pessoal em relação a alguns volumes incluídos na colecção e por ele ainda não lidos, como *O Outono do Patriarca*.

Temos, assim, formada uma proposta de cânone universal da literatura contemporânea, segundo o *Público* e a sua colecção, num projecto amplamente elogiado nos textos iniciais apresentados. Como vimos, dos 103 livros, apenas seis são de origem hispano-americana, o que perfaz 5,8 por cento. Do conjunto inicial de 30 volumes, faziam parte *O Outono do Patriarca* e *Paula* (respectivamente os números 4 e 12), o que corresponde a um valor relativo ligeiramente superior, embora ainda muito reduzida: 6,6 por cento. Não devemos ignorar que Gabriel García Márquez e Isabel Allende são dois dos autores hispano-americanos mais lidos em Portugal, funcionando assim como garantias de vendas para a editora. Dos restantes seis autores, apenas Ernesto Sabato é pouco conhecido, pelo que, no global, apostas comerciais seguras (como, aliás, é possível verificar tendo em conta o número de reedições desses autores em Portugal) e não são exemplos de inovação no panorama das obras já publicadas pelo meio editorial nacional. Isto significa que, pelo menos no que diz respeito à literatura da América Hispânica, o desejo de Eduardo Lourenço em relação à colecção dificilmente terá sido concretizado: a descoberta pelos leitores de novas obras e autores. O mesmo se poderá dizer quanto à «difusão cultural» a que Vasco Graça Moura faz referência, pois trata-se de autores *best sellers* (com excepção de Sabato). Um comentário adicional: Fernando Pinto do Amaral confessa não ter lido *O Outono do Patriarca*, um dos mais importantes romances do Prémio Nobel colombiano e, portanto, das literaturas hispano-americanas contemporâneas. Este desconhecimento *de facto* reflecte o papel periférico que aquelas ocupam no polissistema português e até uma eventual falta de interesse de parte da intelectualidade portuguesa. Resta pelo menos uma questão: porquê incluir Sabato na colecção? Provavelmente por se tratar de um escritor internacionalmente consagrado, que recebeu o Prémio Cervantes em 1984. Não será de estranhar que seja o sexto e último autor hispano-americano, ocupando o «lugar 72», depois da segunda obra de Ernest Hemingway incluída na colecção. Um lugar interno periférico, portanto.

Cada volume foi completado por uma apresentação da obra e do autor – e, em alguns casos, uma entrevista ao escritor – publicada no jornal do dia e compilada no referido *Guia de Leitura*. Atentemos nos textos referentes aos seis autores hispano-americanos. No geral, baseiam-se consideravelmente em afirmações dos próprios escritores, recorrendo com frequência a citações e apoiando-se em formulações como «segundo ele», «diz o escritor» ou «como afirma a escritora», em artigos menos profundos e complexos, se comparados com outros sobre escritores ingleses, norte-americanos ou franceses. Notemos ainda que os autores (e revisores) destes textos nem sempre estão atentos às diferenças ortográficas do português e do espanhol, escrevendo, por exemplo, «Perú», «Luís», «Mário» e «Sábato» com acento. Por seu lado, o nome da personagem feminina de *O Túnel* perdeu o acento, igualando-se ao equivalente em português: «Maria Iribarne», em vez de «María Iribarne».

Nos artigos sobre García Márquez e *O Outono do Patriarca*, são recordadas as circunstâncias da escrita do romance, a sua relação com o *Concerto para Piano n.º 3* de Béla Bartók e a vontade do escritor de dar vida a um ditador arquetípico das Caraíbas. Refere-se ainda a desilusão da crítica e dos leitores ao perceber que este era um livro com características muito diferentes de *Cien años de soledad*. É abordada em traços gerais a biografia de García Márquez, nomeadamente a infância com os avós, a frequência do curso de Direito, a prática do jornalismo, a recuperação das histórias familiares na literatura, o recurso ao «realismo mágico», o seu compromisso político, o Prémio Nobel da Literatura e o cancro linfático que sofreu.

Em relação a Isabel Allende *e Paula*, é destacada a componente autobiográfica da obra e o «estilo de escrita que fez leitores em todo o mundo» (Torres da Silva 2004: 99), embora se afirme igualmente que a escritora é considerada, por alguns críticos, «uma parente pobre de Gabriel García Márquez» (Torres da Silva 2004: 100). Cabe, então, perguntar: se se trata de uma obra menor, porquê editá-la dentro de um conjunto tão restrito em número ou que se pretende restrito em qualidade? Confunde-se qualidade com popularidade e de imediato desconstrói-se essa mistura? Temos ou não na base da selecção das obras a garantia de sucesso, mais do que a sua qualidade? «Gostos à parte, certo é que o seu estilo de escrita e as histórias que os seus livros contam a tornaram famosa» (Torres da Silva 2004: 100), lemos. Temos aqui uma resposta: a popularidade foi o critério adoptado pelo *Público*, embora se afirme mais à frente que «este é seguramente o mais notável romance da carreira de Isabel Allende» e que fascinou também «os mais cépticos em relação ao seu estilo habitual» (Torres da Silva 2004: 101). Um leitor não motivado possivelmente optará por esperar pelo volume seguinte da colecção.

Passemos a Luis Sepúlveda e *Diário de Um* Killer *Sentimental*. A narrativa, neste caso, é descrita com bastante pormenor, resumindo a acção e os caracteres das personagens. Sobre o autor, traça-se um resumo biográfico e bibliográfico em apenas um parágrafo, complementado pelas considerações iniciais: «Luis Sepúlveda é, antes de mais, um exímio contador de histórias. [...] Sepúlveda é capaz de transformar um leitor desprevenido num refém da sua escrita agradável e fluente, a um tempo simples e inteligente.» (Santos 2004: 243)

Jorge Luis Borges é abordado em artigos mais extensos e complexos, em que se destaca a sua relação com a filosofia e o poeta português Fernando Pessoa, a dimensão da sua bibliografia, a profundidade do pensamento presente na sua ficção, poesia e ensaio e os aparentes paradoxos que se deparam ao leitor. Estes textos – não abandonando as características típicas de um artigo publicado num jornal generalista – reflectem de uma forma mais correcta os traços essenciais da obra do autor em causa. Devemos atentar que, das muitas obras de Borges, se optou por editar *Ficções*, publicada três anos antes pela «Biblioteca Visão», colecção com características semelhantes à «Mil Folhas», neste caso de venda conjunta com a revista *Visão*.

«Quando se fala da obra de Mario Vargas Llosa, raramente, ou nunca, se refere *Lituma nos Andes*» (Sousa 2004: 375), afirma-se no artigo sobre o escritor peruano. Temos aqui, portanto, uma tentativa de inovação, uma aposta um pouco mais arriscada que chega ao ponto de se transformar num apelo: «É urgente tirar o Prémio Planeta 1993 da prateleira.» (Sousa 2004: 376) Ao longo de cinco páginas, resume-se a acção da narrativa, fala-se sobre culturas pré-colombinas, recordam-se diversas circunstâncias da vida do autor dentro e fora do Peru e faz-se o elogio da sua obra: «[...] a novela permite viajar sem ponta de cansaço no universo novelístico, político, moral e religioso – num sentido amplo – e histórico do escritor, para chegar a um ponto onde a literatura já não é mero entretenimento; [...] já perturbou, já sugeriu, já fez pensar.» (Sousa 2004: 377)

Aparentemente, o apelo de recuperação da obra foi ouvido: em 2011, o primeiro volume da colecção «Autor Nobel» foi precisamente *Lituma nos Andes*, meses depois da atribuição do galardão ao ficcionista peruano.

Chegámos finalmente a Ernesto Sabato. O texto de apresentação aborda mais o percurso biográfico do escritor do que *O Túnel* e destaca a sua ligação à ciência e ao existencialismo, na sua passagem por França e pelos Estados Unidos. O primeiro artigo é iniciado e concluído com referências a Jorge Luis Borges e Julio Cortázar e o segundo texto abre com uma citação de Isabel Allende, funcionando estes, portanto, como referências para o público português.

Neste nosso percurso sobre a edição portuguesa, resta-nos analisar o trabalho de tradução de obras hispano-americanas. Fá-lo-emos de seguida.

II.II. Análise de traduções publicadas em Portugal

Para a análise tradutória geral de textos hispano-americanos publicados em Portugal, analisámos 18 obras traduzidas por 17 tradutores. Tentámos que este trabalho fosse representativo no que diz respeito às diferentes editoras e abrangesse um número variado de tradutores. O trabalho comparativo dos originais e das traduções abarcou os seguintes textos:

- *A Ninfa Inconstante/La ninfa inconstante*, de Guillermo Cabrera Infante, traduzido por Salvato Telles de Menezes;
- *A Virgem dos Sicários/La virgen de los sicários*, de Fernando Vallejo, traduzido por Jorge Fallorca;
- *As Viúvas das Quintas-Feiras/Las viudas de los jueves*, de Claudia Piñero, traduzido por Artur Lopes Cardoso;
- *Arráncame la vida/Arráncame la vida*, de Angeles Mastretta, traduzido por Cristina Rodriguez;
- *Contos de Amor, Loucura e Morte/Cuentos de amor, de locura y de muerte*, de Horacio Quiroga, traduzido por Ana Santos;
- *Doze Contos Peregrinos/Doce cuentos peregrinos*, de Gabriel García Márquez, traduzido por Miguel Serras Pereira;
- *Guia Triste de Paris/Guía triste de París*, de Alfredo Bryce Echenique, traduzido por Miranda das Neves;
- *Memória das Minhas Putas Tristes/Memoria de mis putas tristes*, de Gabriel García Márquez, traduzido por Maria do Carmo Tavares;
- «Morte constante para além do amor»/«Muerte constante más allá del amor», de Gabriel García Márquez e *Diário de Um* Killer *Sentimental/ Diario de un* killer *sentimental*, de Luis Sepúlveda, ambos traduzidos por Pedro Tamen;

- *O Carteiro de Pablo Neruda*/*Ardente paciencia*, de Antonio Skármeta, traduzido por José Colaço Barreiros;
- *O Herói das Mulheres*/*El héroe de las mujeres*, de Adolfo Bioy Casares, traduzido por David Machado;
- *O Jogo do Mundo (Rayuela)*/*Rayuela*, de Julio Cortázar, traduzido por Alberto Simões;
- *O Livro dos Seres Imaginários*/*El libro de los seres imaginarios*, de Jorge Luis Borges e Margarita Guerrero, traduzido por Serafim Ferreira;
- *O Túnel*/*El túnel*, de Ernesto Sabato, traduzido por Francisco Vale;
- *O Voo da Rainha*/*El vuelo de la reina*, de Tomás Eloy Martínez, traduzido por Helena Pitta;
- *Os Adeuses*/*Los adioses*, de Juan Carlos Onetti, traduzido por Hélia Correia;
- *Os Suicidas do Fim do Mundo*/*Los suicidas del fin del mundo*, de Leila Guerriero, traduzido por Cristina Rodriguez e Artur Guerra.

Uma palavra para justificar a selecção de dois destes textos: *Os Adeuses*, de Juan Carlos Onetti, e *Arráncame la vida*, de Angeles Mastretta. Optámos por analisar *Os Adeuses*, por a tradução ter sido feita por Hélia Correia, uma das mais importantes escritoras portuguesas contemporâneas. Trata-se de uma excelente tradução, com raras desadequações e que revela o domínio das particularidades do espanhol. Quanto a *Arráncame la vida*, apresenta duas características que despertam atenção: por um lado, o título em espanhol da edição portuguesa; por outro, a revisão da adida cultural da Embaixada do México em Portugal, Elena Piatok de Mattos. Apenas lendo o romance, é possível compreender a opção de não traduzir o seu título: trata-se do título de uma canção interpretada pela protagonista no capítulo XVI. A revisão especial não terá sido suficiente para evitar incorrecções, mas poderá justificar a opção por um glossário final, em vez das mais comuns notas de tradução em rodapé.

Em geral, podemos concluir que grande parte das traduções analisadas revela falta de conhecimentos de espanhol de tradutores e revisores, possivelmente resultado da ideia amplamente instalada em Portugal de que qualquer pessoa compreende espanhol sem necessidade de aprender formalmente a língua ou de manter um contacto próximo com esta. Recordemos, por exemplo, a crónica «Somos todos espanhóis?», de Inês Pedrosa, no número 96 da revista *Ler*, publicada em 2010, em que a jornalista e escritora lamenta «a substituição maciça do francês pelo espanhol como língua estrangeira no ensino secundário» (Pedrosa 2010: 85) e considera que «de sádicos padeiros de Aljubarrota, míticos e fantasiosamente matriarcais, tornámo-nos pãezinhos masoquistas, gemendo, nas mãozinhas de um Sancho Pança, enfarinhado: "Assa-me, mas devagar, *cariño*."» (Pedrosa 2010: 85). Inês Pedrosa argumenta que:

> qualquer jovem português que queira ir estudar na Universidade de Madrid, Salamanca ou Barcelona consegue tornar-se fluente em castelhano num curso intensivo de dois ou três meses. Já se pretender ir para a Sorbonne, não consegue adquirir o francês necessário em menos de vários anos. [...] Para os *rankings* rápidos de progressão dos Governos o espanhol é óptimo, uma espécie de versão internacional de banha da cobra ao estilo «Novas Oportunidades»: é fácil e barato. Mas dá milhões? Não: dá uma geração com uma língua a menos, o que é triste e empobrecedor, física e metafisicamente. (Pedrosa 2010: 85)

Trata-se, pois, de um preconceito altamente divulgado em Portugal, inclusive nos meios intelectuais, editoriais e académicos, fruto de um desconhecimento e desinteresse pela língua e culturas hispânicas e da concepção errónea de que a proximidade linguística do espanhol e do português proporciona a qualquer nativo do português um domínio razoável automático da língua vizinha e que, portanto, não são necessárias aulas de espanhol, nomeadamente para o traduzir. Estas concepções resultam, pois, com bastante frequência em traduções erradas, caindo facilmente nos chamados «falsos amigos», aplicando mal palavras e expressões que, existindo em português, têm sentidos diferentes nas duas línguas e fazendo traduções ingénuas e desnecessariamente próximas do espanhol, repletas de espanholismos, que não estariam presentes em traduções de outras línguas ou textos originalmente escritos em português. Esta questão é, aliás, abordada numa outra crónica da *Ler*, da autoria de Francisco Belard, intitulada precisamente «Falsos amigos». No artigo, Belard assinala a existência generalizada de erros na tradução de espanhol para português e questiona, referindo-se concretamente a originais de Espanha:

> [...] como é que [os tradutores portugueses] traduzem uma língua que não estudaram, de um país onde foram uns dias às compras e cujos livros e jornais não lêem? [...] Quem se atreve a traduzir inglês ou francês sem os ter estudado? Espanhol é que não temos de aprender... Mas convém ensinar diferenças enganosas do castelhano. Aqui, *falsos amigos* não são os que nós temos; são os dos tradutores. (Belard 2009: 87)

Regressemos ao nosso levantamento. Na verdade, a grande maioria das desadequações assinaladas corresponde a erros de tradução ou a espanholismos, embora tivéssemos procurado distingui-los de forma mais minuciosa. Muitos erros surgem da passagem directa do espanhol para o português, sem que se tenha feito uma verdadeira tradução. Em geral, os casos por nós classificados como «falta de adequação da tradução» são enganos de tradução, visto que, embora as palavras utilizadas existam na língua portuguesa, não são aplicadas da mesma forma.

É o caso de «olvidar»/«esquecer»: «olvidar» é de utilização banal em espanhol, correspondente no sentido e no uso ao português «esquecer», não ao português «olvidar», mais culto e formal. Podemos apresentar outros exemplos: «valente»/«corajoso», «mamá»/«mãe», «tampoco»/«nem», «paloma»/«pombo» ou «boda»/«casamento». Acrescentemos outro caso, «usted»: é comum o seu uso em espanhol, mas o correspondente em português, «você», é considerado deselegante, devendo, pois, ser evitado. O mesmo se pode dizer sobre a ordem sintáctica típica do espanhol e do português: no segundo, o sujeito costuma anteceder o predicado e os complementos, enquanto, no primeiro, com frequência o sujeito segue-se ao predicado, surgindo depois os complementos. Também a utilização da voz passiva é distinta, bem como a necessidade da preposição «a» na introdução ao complemento indirecto em espanhol. O mesmo acontece com a construção do diminutivo: em português utiliza-se maioritariamente o sufixo «inho» (excepto em regiões como o Algarve, o Alentejo e a Madeira) e em espanhol o sufixo «ito». A opção rara ou isolada pelo sufixo «ito» numa tradução de espanhol para português não poderia ser classificada como espanholismo, mas o mesmo não acontece quando todos ou quase todos os diminutivos obedecem a esta formação, como acontece em grande parte dos trabalhos analisados.

Entre os «falsos amigos» mais comuns, encontramos «largo»/«longo», «espantoso»/«terrível», «apenas»/«mal» e «quase não». Outras palavras não são «falsos amigos» clássicos, pois apenas em algumas ocasiões o são. É o caso de «ilusión», que por vezes pode ser traduzido por «ilusão». Aliás, as definições nos dicionários de português e de espanhol são semelhantes:

Ilusão:

1. Engano dos sentidos ou pensamento.
2. O que se nos afigura ser o que não é.
3. Quimera.
4. Esperança irrealizável[22].

Ilusión:

1. Concepto, imagen o representación sin verdadera realidad, sugeridos por la imaginación o causados por engaño de los sentidos.
2. Esperanza cuyo cumplimiento parece especialmente atractivo.
3. Viva complacencia en una persona, una cosa, una tarea, etc[23].

22 *Dicionário Priberam da Língua Portuguesa* disponível in www.priberam.pt/dlpo/default.aspx?pal=ilusão.

23 *Diccionario de la Lengua Española* disponível in http://buscon.rae.es/draeI/.

Contudo, nem sempre traduzimos «ilusión» por «ilusão», pois, em português, ao contrário do que acontece em espanhol, a palavra tem invariavelmente uma conotação negativa, associada a engano e consequente decepção. É, portanto, mais frequente a opção correcta «esperança» ou «desejo» Devemos ainda referir «relato» (que pode ser traduzido como «relato» no sentido de «narração» e de «conto» quando se trata do género literário) e «convertir». Neste caso, devemos atentar na frequência da palavra. Em geral, tradutores menos experientes têm tendência a passar para «converter» por, esquecendo-se dos mais comuns «transformar» ou «tornar». Existindo a palavra em português, a sua presença é muito menos intensa do que em espanhol em particular em textos contemporâneos.

Outra ocorrência comum é a não-tradução de nomes de personagens históricas e de topónimos. Como é sabido, devem ser traduzidos os nomes cuja tradução se tornou corrente na língua de chegada. Tal nem sempre é feito nas obras analisadas. No primeiro grupo, podemos incluir Cristóbal Colón/Cristóvão Colombo, San Antonio/Santo António e San Blas/São Brás. No segundo, temos La Habana/Havana, Córdoba/Córdova, Iguazú/Iguaçu, Cartagena de Indias/ Cartagena das Índias, Panamá (cidade)/Cidade do Panamá e México (cidade)/ Cidade do México. Quanto ao título de livros, caso tenham sido publicados em Portugal, deve adoptar-se esse título, nunca o título em espanhol.

De forma geral, concluímos que é justo valorizar o trabalho de Alberto Simões, Artur Lopes Cardoso, Francisco Vale, Helena Pitta, Pedro Tamen, Salvato Telles de Menezes e Serafim Ferreira. As traduções de Pitta e Tamen são especialmente boas, mostrando pleno domínio das particularidades do espanhol e do português, nomeadamente no que diz respeito aos «falsos amigos», expressões e ordem sintáctica, diferentes transliterações do árabe para espanhol e para português, acrónimos e nomes geográficos. Contudo, mesmo Tamen apresenta alguns possíveis erros, relacionados no essencial com o espanhol americano. Por exemplo, na tradução do conto «Morte constante para além do amor», do colombiano Gabriel García Márquez, encontramos dois erros de compreensão do original: «El senador Onésimo Sánchez estaba plácido y sin tiempo dentro del coche refrigerado […].» (García Márquez 1977: 54) /«O senador Onésimo Sánchez estava plácido e sem pressa dentro do carro refrigerado […].» (García Márquez 1995: 51) Sabendo que o protagonista tem apenas uns meses de vida, «sem pressa» está incorrecto. Vejamos outro caso:

> El senador estaba en la habitación contigua reunido con los principales del Rosal del Virrey, a quienes había convocado para cantarles las verdades que ocultaba en los discursos. Eran tan parecidos a los que asistían siempre en todos los pueblos del desierto, que el propio senador sentía el hartazgo de la misma sesión todas las noches. (García Márquez 1977: 59)

> O senador estava no quarto contíguo reunido com os notáveis do Rosal del Virrey, que convocara para lhes cantar as verdades que ocultava nos discursos. Eram tão parecidos com os que assistiam sempre em todas as aldeias do deserto que o próprio senador sentia o enfartamento da mesma sessão todas as noites. (García Márquez 1995: 56)

Na Colômbia, «asistir» significa «viver» ou «habitar», além de «assistir». O *Diccionario de la Real Academia Española* apresenta inclusivamente um exemplo: «Aurelio asiste en la montaña[24].» Parece-nos que a tradução mais pertinente seria, portanto, a seguinte: «Eram tão parecidos com os que viviam em todas as aldeias do deserto [...].»

Devemos ainda referir que discrepâncias no nível dos trabalhos de um mesmo tradutor podem ser explicadas pela intervenção dos revisores e que parte dos erros encontrados se pode dever, não aos tradutores, mas aos editores. Possivelmente será o caso de «La Habana», que recuperamos da capa de *A Ninfa Inconstante*, mas não na tradução da novela: «Em La Habana, a cidade dos sonhos, uma história de amor anuncia a revolução que se aproxima.» (Cabrera Infante 2010)

*

De acordo com a teoria dos polissistemas, as condições do mercado são fundamentais, desempenhando um papel central no êxito de um novo repertório. Esta ideia corresponde à abertura do polissistema português às literaturas hispano-americanas devido ao interesse crescente pela situação política e social do subcontinente, em particular em Cuba e no Chile. Afirma Giuseppe Bellini sobre Isabel Allende:

> De gran favor entre el publico goza desde hace tiempo la obra de Isabel Allende (1942), también exiliada después del golpe militar que derrocó al presidente de Chile, pariente suyo. Es precisamente al comienzo de esta triste aventura cuando la Allende publica su primero libro, *La casa de los espíritus* (1982), que fue un éxito inmediato, movido acaso del interés del público por los acontecimientos trágicos de Chile. No obstante, mantiene la novela una genuina calidad artística, a pesar de la posible influencia de *Cien años de soledad*. (Bellini 1997: 594)

Esta descrição pode de algum modo ser transposta para o contexto português, com o referido interesse pelas transformações políticas do subcontinente.

No próximo capítulo, estudaremos o polissistema português, as suas movimentações internas das últimas décadas e as suas causas, procurando identificar o papel da actualidade política, social e cultural da América Hispânica, bem como a sua relação com a literatura portuguesa contemporânea.

---

24 *Diccionario de la Lengua Española* disponível in http://buscon.rae.es/draeI/.

III. O POLISSISTEMA PORTUGUÊS NAS ÚLTIMAS DÉCADAS DO SÉCULO XX E INÍCIO DO SÉCULO XXI

No presente capítulo, esboçaremos o polissistema português e a sua dinâmica desde meados dos anos 1960 até ao início da segunda década do século XXI. Para tal, apoiar-nos-emos em três Histórias da Literatura Portuguesa, na referência a algumas instituições relevantes na divulgação das literaturas hispano-americanas, no levantamento de ensaios sobre a América Latina publicados em Portugal e na crítica e no noticiários literários de vários periódicos: *Colóquio/Letras*, *Vida Mundial*, *Diário de Lisboa*, *Jornal de Letras* e *Expresso*. Não sendo este um trabalho no âmbito das Ciências da Comunicação nem de Biblioteconomia e procurando fazer um retrato rigoroso, mas não exaustivo, optámos por consultar as publicações de Abril – visto Março ser um dos meses com mais lançamentos editoriais – dos anos ímpares, a partir de 1967, ano da publicação original de *Cien años de soledad*, de Gabriel García Márquez, em Buenos Aires. Escolhemos este romance por constituir, de facto, um marco absolutamente fundamental nas literaturas hispano-americanas contemporâneas e no seu impacto dentro e fora do subcontinente. Como afirma José Miguel Oviedo:

> La obra literaria del colombiano Gabriel García Márquez se divide claramente en dos períodos: antes y después de *Cien años de soledad*, seguramente la novela más popular y celebrada del siglo. Dicho eso hay que agregar inmediatamente que ese eje divide también nuestra literatura [hispanoamericana] y marca un momento culminante que parece una síntesis de todo lo anterior, su revisión crítica y un anuncio de lo que vendría: es a la vez un libro retrospectivo y profético, una *summa* de nuestro saber literario y nuestra experiencia estética. (Oviedo 2005: 301)

Começaremos pela edição de ensaios sobre a América Latina, devido à sua estreita ligação com o Capítulo II, passando depois para a análise concreta das revistas *Colóquio/Letras* e *Vida Mundial*. Optou-se por estas duas publicações pelo carácter especializado da primeira, essencialmente sobre literatura, embora nos últimos anos dedicando-se acima de tudo à literatura portuguesa, e em geral de um ponto de vista académico; e pelo carácter generalista da segunda – muito ligada à actualidade internacional, como o próprio nome indica –, mas não deixando de publicar, em quase todos os seus números, artigos sobre autores literários e as suas obras. Apresentando, portanto, estas duas revistas um carácter especial, decidimos ir mais além do mês de Abril dos anos ímpares e analisar a sua publicação mais a fundo, como se verá nos pontos III.II. e III.III. Com esta base e recorrendo ao levantamento de autores e movimentos literários abordados em *História da Literatura Portuguesa*, de António José Saraiva e Óscar Lopes, *História da Literatura Portuguesa*, de Óscar Lopes e Maria de Fátima Marinho, e *História crítica da Literatura Portuguesa*, de Carlos Reis, e à publicação de artigos jornalísticos na imprensa citada e ainda nos jornais *Diário de Lisboa*, *Expresso* e *Jornal de Letras*, esboçamos, então, dinamicamente o polissistema português nas últimas décadas. Devemos, contudo, destacar desde já a coluna «Literaturas Hispânicas» do *Jornal de Letras*, da autoria de Maria Fernanda de Abreu, inaugurada em Março de 2005. Entre os autores e obras latino-americanos resenhados, contam-se *Memoria de mis putas tristes*, de Gabriel García Márquez; *Pedro Páramo*, de Juan Rulfo; *El huerto de mi amada*, de Alfredo Bryce Echenique; *Viaje del Parnaso* (representação teatral), de Miguel de Cervantes; *Los mejores cuentos*, de Sergio Pitol; e *As Raízes e o Labirinto da América Latina*, de Silviano Santiago.

III.I. Edição de ensaios sobre a América Hispânica em Portugal

Com base num levantamento não exaustivo mas exemplificativo do panorama do ensaio publicado em Portugal, verificamos a existência de um conjunto de eixos temáticos que reflectem os interesses concretos das editoras e do público em geral pela América Hispânica. Encontramos, por um lado, temas literários e, por outro, temas históricos, sociais e políticos. No primeiro grupo, destacam-se obras sobre Pablo Neruda, Gabriel García Márquez e, em especial, Jorge Luis Borges. Sobre este último, encontramos os seguintes títulos, entre outros: *Entrevistas com Jorge Luis Borges*, de Georges Charbonnier (1968); *Conhecer Borges e a Sua Obra*, de Marcos R. Barnatán (197-, 1980, 199-); *Eu, Borges, Imagens, Memórias, Diálogos*, de Jorge Luis Borges e Maria Esther Vazquez (1985 e 1986, esta numa edição aumentada); *Os Dois Borges: Vida, Sonho, Enigmas. Uma Biografia de Jorge Luis Borges*, de Volodia Teitelboim (2001); *Em Diálogo com Jorge Luis Borges*, de Osvaldo Ferrari (2001, dois volumes); *Borges Verbal*, de Pilar Bravo e Mario Pailetti (2002); *Por Trás das Máscaras (In)Voluntárias do Acaso: Nietzsche, Pessoa, Borges*, de Marco Alexandre Rebelo (2004); *Borges e a Matemática*, de Guillermo Martínez (2006); *Com Borges: um Livro-Homenagem ao Excepcional Escritor Argentino*, de Alberto Manguel (2006); *O Senhor Borges*, de Alejandro Vaccaro e Epifanía Uveda de Robledo (2006); *Fotobiografia de Jorge Luis Borges*, de Alejandro Vaccaro (2006, com edições na Teorema e no Círculo de Leitores). De referir ainda *Borges e os Orangotangos Eternos* (2002), novela do brasileiro Luís Fernando Verissimo que tem o escritor argentino como protagonista, e *Entrevistas da Paris Review*, com selecção e tradução do popular jornalista de rádio e imprensa Carlos Vaz Marques e que inclui entrevistas a E. M. Forster, Graham Greene, William Faulkner, Truman Capote, Ernest Hemingway, Lawrence Durrell, Boris Pasternak, Saul Bellow, Jorge Luis Borges e Jack Kerouac (2009 e 2010). Deste grupo, apenas Borges não é europeu ou norte-americano, o que mostra, não só o interesse generalizado por estas literaturas, mas também o reconhecimento que é feito ao argentino no âmbito da literatura mundial por uma editora portuguesa. Em relação a Neruda, temos *Pablo Neruda*, de Jean Marcenac (1974), *Neruda por Skármeta*, de Antonio Skármeta (2004), e *Neruda, Cem Anos Depois: reflexos na poesia portuguesa*, de Cristino Cortes (2004), obras já referidas no Capítulo II. Sobre García Márquez, encontramos *Gabriel García Márquez*, de Dagmar Ploetz (2001), *História de Cem Anos de Solidão. Em busca das chaves de Melquiades*, de Elígio García Márquez (2004) e o curioso *O Meu Nome É Gabito: a vida de Gabriel García Márquez*, de Monica Brown com ilustrações de Raúl Colón (2008). Esta obra, dirigida a um público infantil, conta a história de «um menino chamado Gabito» (Brown 2008: 7) que se tornaria «um dos maiores contadores de histórias de todos os tempos» (Brown 2008: 7). O texto sublinha a capacidade imaginativa do escritor tornado personagem, a sua relação com o avô, com o mundo que o rodeia e com as palavras, bem como o hábito de criar e contar narrativas. «As pessoas dos cinco continentes lêem as suas histórias e adoram-nas e descobrem como o mundo pode ser mágico – e grande e vasto e indomável» (Brown 2008: 7): a personagem volta aqui a ser um autor real. Trata-se de um retrato mítico de García Márquez, num registo próximo da fábula e da lenda, propositadamente adoptado por Monica Brown para criar uma identificação entre a biografia do escritor e os aspectos ligados ao realismo mágico da sua obra:

> Consegues imaginar um homem com assas enormes a cair do céu? Consegues imaginar a mulher mais bonita do mundo? Consegues imaginar voar pelo céu num tapete mágico? Se estas histórias parecem mágicas é porque são. E foram escritas por um menino chamado Gabito, que cresceu e se tornou Gabriel García Márquez, o grande contador de histórias, lido por milhões de pessoas, amado por todos. (Brown 2008: 23–29)

Esta corresponde, no geral, à imagem de García Márquez em Portugal: uma figura simpática, próxima de universos mágicos e muito popular em todo o mundo. Uma ideia perpetuada pelo livro de Brown, num registo dirigido a crianças.

Outra obra no âmbito literário *é Sor Juana Inés de la Cruz e o Padre António Vieira ou a disputa sobre as finezas de Jesus Cristo*, de Joaquim de Montezuma de Carvalho (autor do Prólogo ao já referido *Destino e Obra de Camões*, de Jorge Luis

Borges), com edição em 1998 em Portugal pela Vega e no México pela Editorial Frente de Afirmación Hispanista. Sor Juana Inés de la Cruz – uma das poetas mais importantes da história literária do mundo hispânico – é praticamente desconhecida em Portugal, constando apenas da antologia de 1997 *Por Outras Palavras*, de António Manuel Couto Viana, com um poema. A edição do ensaio de Montezuma de Carvalho é mais um reflexo do recente aumento de interesse das editoras e do público pelas literaturas do outro lado do Atlântico em castelhano.

Um autor com bastante projecção é Alberto Manguel, de origem argentina e actualmente cidadão canadiano. Escrevendo em espanhol e em inglês, parte das suas obras aborda as literaturas hispano-americanas, como é o caso de *No Bosque do Espelho*, em que faz referência a autores como Jorge Luis Borges e Julio Cortázar, mas também personagens históricas, como Ernesto Che Guevara. São vários os seus livros com uma importante presença em Portugal, em particular *Uma História da Leitura*.

Juventude, de José Enrique Rodó, foi editado em 1946 por Agostinho da Silva na colecção «Antologia. Introdução aos Grandes Autores», com tradução do próprio Agostinho da Silva. Trata-se de uma colecção com publicação quinzenal que, à data, contava já com oito séries incluindo textos de Voltaire, Arriano, Tolstoi, Santa Teresa, Damião de Góis, Cervantes, Ruskin, Gavinet, Tchekov, Buffon, Fernão Lopes, Dostoievsky, Erasmo, Lamarck, Mérimée, Heródoto, Flaubert, Frei Luís de Sousa, Harvey, Lichnowsky, Guizot, Diogo do Couto, Maupassant, Mateo Alemán, Condorcet, Lermontov, Marco Aurélio, Faraday, Stendhal, Azurara, Fénelon, Bacon, Andreiev, Maomet, Whitman, Petrónio, Victor Hugo, Poe, Montaigne, Franklin, Platão, Dickens, Joaquín Costa, Swift, Claude Bernard, Larra, More e Molière. O livro abre com uma introdução ao autor e à sua obra de duas páginas e meia, dando destaque a *Ariel*. Esta publicação por Agostinho da Silva é um reconhecimento da importância da obra de Rodó no âmbito hispânico e, colocando-o a par de autores de todos os tempos de projecção mundial, da sua importância também a nível mundial. De facto, Rodó marcou profundamente o pensamento hispano-americano com o seu *Ariel*, texto em que identifica a personagem de *A Tempestade*, de Shakespeare, com a América Latina. O arielismo é, aliás, uma corrente que atravessa todo o século XX hispano-americano.

Devemos ainda atentar em *Introdução à Literatura Latino-Americana Contemporânea*, de Álvaro Manuel Machado, uma edição conjunta da portuguesa Presença e da brasileira Livraria Martins Fontes, datada de 1979[25]. O livro é o primeiro estudo sobre este campo publicado em Portugal. Trata-se da tradução adaptada da tese de

25 Acrescente-se que Álvaro Manuel Machado, durante a sua estada em Paris, entre 1967 e 1976, propôs, enquanto consultor literário de várias editoras, em particular da

pós-licenciatura de Machado, apresentada na Ecole des Hautes Etudes en Sciences Sociales, em Paris, em 1973, e um dos poucos estudos sobre o tema disponíveis em Portugal. Segundo enuncia o autor na «Nota prévia», um dos seus objectivos é dar «uma visão global de uma literatura ainda mal conhecida entre nós e de certos problemas de base de Teoria da Literatura e de Literatura Comparada a ela ligados» (Machado 1973: 9). Notamos, desde logo, tanto no título como na citação, a aglomeração das várias literaturas hispano-americanas num grupo único de «literatura latino-americana», numa indiferença voluntária ou involuntária às especificidades próprias da imensa variedade (nacional, regional, etc.) de literaturas que abarca a designação mais lata. O ensaio aborda principalmente a obra de José Lezama Lima, mas também as relações entre as literaturas europeias e hispano-americanas (como o barroco e o neobarroco), a Idade de Ouro e a utopia e temáticas gerais (paraíso, revolução, festa, labirinto e infância), recorrendo à análise de textos de Octavio Paz, Carlos Fuentes, Jorge Luis Borges e Julio Cortázar.

Outro título é *Antologia da Novela Hispano-Americana*, organizada por Olivier Gilberto de León e Rubén Bareiro Saguier (Distri Editora, 1984), dirigido inicialmente ao público francês, segundo a recensão crítica de Alexandre O'Neill que citámos no Capítulo II. O poeta português inicia da seguinte forma o seu texto:

> Para sermos inteiramente francos, devemos dizer que estamos um bocado fartos de descobrir todos os dias a «novela» hispano-americana, sobretudo quando esse convite à descoberta é feito, originariamente, para franceses, amadores, por excelência, de exotismos de vária ordem, como é o caso nesta edição [...]. (O'Neill 1984: 12)

Passemos para o último parágrafo da crítica:

> E para quando a descoberta do conto castelhano, do conto catalão, do conto galego, etc., que estão mesmo aqui ao lado e que têm uma actualidade e uma qualidade que só os portugueses persistem, patrioteiramente, em ignorar? Estaremos à espera de os descobrir via França? Bem poderemos esperar... (O'Neill 1984: 12)

A mediação francesa entre Portugal e a América Hispânica é, assim, apontada por O'Neill, um fenómeno que, de seguida, verificaremos ter importância no polissistema português, através de exemplos retirados da *Colóquio/Letras* e da *Vida Mundial*.

Em relação aos temas históricos, sociais e políticos, encontramos obras sobre o período pré-colombino – como *As Antigas Civilizações do Peru*, de J. Alden

---

Gallimard, a tradução e publicação de vários autores hispano-americanos do *Boom* até então pouco ou nada divulgados em França.

Mason (1964); *Os Incas*, de C. A. Burland (1981); *Mitologia Latino-Americana: Astecas, Maias, Incas e Amazónia*, de Geraldine Carter (1995); e *Mitos & Lendas Sul-Americanas*, de Philio Ardagh (1999) –, história colonial – nomeadamente *Cartas de Américo Vespúcio acerca das Ilhas novamente Descobertas nas Suas Quatro Viagens*, de Américo Vespúcio (1921); *A Conquista da América: A Questão do Outro*, de Tzvetan Todorov (1990); *El Dorado*, de Francisco Vásquez (1991); *Naufrágios*, de Álvar Núñez Cabeza de Vaca (1992); *Brevíssima Relação da Destruição das Índias* (1990 e 1997) e *Brevíssima Relação da Destruição de África: Prelúdio da Destruição das Índias. Primeira Defesa dos Guanches e dos Negros contra a Sua Escravização* (1996), de Bartolomé de las Casas; *Conquistadores, Piratas e Mercadores: a Saga da Prata Espanhola*, de Carlo M. Cipolla (2002); *Bolívar e a Campanha da Venezuela, de* Juvenal Herrera Torres (2005); *Vida do Capitão Alonso de Contreras (1582–1633)*, de Alonso de Contreras (2006, com posfácio de Ortega y Gasset) –, mas também sobre a América Latina em geral e alguns países em concreto, como a Argentina, a Colômbia, o Panamá, o Peru, a Venezuela e principalmente o México, o Chile e Cuba.

No âmbito deste grande grupo, as edições concentram-se na década de 1970, em particular com a chancela das Iniciativas Editoriais, Centelha e Avante!, mas também com a Dom Quixote. Comecemos por esta, recordando que, fundada em 1965, a Dom Quixote tinha como propósito atingir «espaços de liberdade editorial num horizonte de censura e policiamento [...] [começando] "por publicar sobretudo livros de natureza polémica", incluindo autores portugueses e estrangeiros pouco gratos do Estado Novo ou por ele vetados» (Medeiros 2007: 264), como indica Nuno Medeiros na sua dissertação, citando a apresentação da própria editora em *Editores Portugueses na IV Bienal Internacional do Livro de São Paulo* (1976). Entre os ensaios publicados na colecção «Diálogos», constam *América Latina*, de Miguel Ángel Asturias, com Prefácio de Josué de Castro (1968), e *Um Português em Cuba*, de Alexandre Cabral (1969), ao passo que a colecção «Cadernos Dom Quixote» inclui *Bolívia: Um Segundo Vietname?* (1967), *Cuba e o Socialismo* (1971) e *Peru: Exército, Nação, Revolução* (1974). Devemos fazer referência também à publicação pela Presença de *A História Me Absolverá*, de Fidel Castro, em 1970, na colecção «Perspectivas» (com reedição em 1974, na colecção «Questões»). O conjunto destes livros enquadra-se numa dinâmica de publicação de ensaios verificada a partir da década de 1960 em Portugal:

> São os anos em que se definem os contornos de um movimento que hesita entre o ensaio puro de teor académico e a convocação de textos militantes de extracção diversa (revistas, jornais, livros) acerca de questões candentes. O livro dirigido a assuntos cuja discussão em Portugal é considerada urgente emerge sem convulsões mas de modo

> determinado ao longo da última década analisada. As colecções que vêm a lume traduzem efectivamente uma transformação que prenuncia o zénite do pós-25 de Abril, apesar das edições, pelas contribuições autorais e temáticas que patenteiam, recorrerem a azimutes ideológicos vários, nem sempre coincidentes entre si ou arrumados em filiações de proveniência exclusiva. [...] o objectivo consistiu essencialmente numa problematização da realidade coeva, muitas vezes balizada por pressupostos programáticos e correspondendo até a uma agenda – não necessária ou primordialmente política – suportada ou inspirada em movimentos cuja germinação era já sentida. [...] no decénio de 1960 o desiderato parece consistir num desejo expresso de estímulo à reflexão de base crítica e à participação nos debates que atravessam as preocupações do espaço público, sobretudo no exterior do país. Por via da apresentação e sistematização de temáticas em torno das quais se suscita o debate, este novo tipo de colecções introduz no espaço editorial português os ecos possíveis dos movimentos e discussões de ordem moral, ideológica e política contemporâneos. (Medeiros 2007: 269–270)

É este, portanto, o panorama geral do mundo editorial português nas décadas de 1960 e 1970, em que se enquadra a publicação de obras sobre a América Hispânica. Mas, como anteriormente afirmámos, não todo o subcontinente: existe uma predominância clara sobre a situação de Cuba (a Revolução de 1959, a implementação de um novo sistema, os seus apoiantes e detractores) e do Chile (o Governo de Salvador Allende e o golpe militar de 1973 e a posterior ditadura que subjugou o país, liderados por Augusto Pinochet). No caso de Cuba, podemos considerar que existirá não só uma «agenda» – utilizando a expressão de Nuno Medeiros –, mas uma dupla agenda: por um lado, adeptos das transformações revolucionárias introduzidas no país; por outro, opositores a estas. Havíamos já esboçado este cenário em relação à edição de ficção cubana em Portugal no Capítulo II, podendo agora alargá-la ao campo do ensaio. No caso de Cuba, a «participação nos debates que atravessam as preocupações do espaço público, sobretudo no exterior do país» (Medeiros 2007: 270) a que Nuno Medeiros faz referência, alarga-se à literatura e às décadas seguintes. Encontramos até aos nossos dias títulos no âmbito dos apoiantes e dos dissidentes do regime cubano. As concepções dos dois grupos têm, pois, um reflexo editorial em Portugal, verificando-se numa fase inicial mais livros associados ao primeiro (são disso exemplo as edições da Avante!, Caminho, Centelha e Iniciativas Editoriais) e, mais tarde, o inverso (Dom Quixote e Quetzal, entre outros). Utilizando as expressões de Itamar Even-Zohar, são dois produtos semióticos distintos que propõem imagens contraditórias de Cuba e que são fruto de uma planificação cultural de detentores de poder político ou de quem mantém relações com este. Se a Caminho e a Avante! estão associadas a forças políticas claramente de esquerda, a Quetzal – em anos mais recentes – está ligada a grupos mais de direita. Basta dizer que um dos seus directores, Francisco José Viegas, assumiu o cargo de secretário de Estado da Cultura em 2011, num governo de coligação PSD-CDS/PP. Entre as regras de transferência/tradução enunciadas por Even--Zohar, pelo menos duas ajudam-nos a compreender este cenário, aquelas que abordam o poder dos modelos governados pelas oposições de posicionamento dentro do polissistema-alvo e que mostram como o enunciado-alvo *b* é produzido de acordo com os procedimentos de transferência e as restrições impostas pelas relações intra-enunciados do polissistema: é fácil, pois, revermos aqui a política de edição de ficção e ensaio a favor e contra o regime cubano. Como Margarida Macias Borges defende na sua dissertação «A recepção do *Boom* literário latino-americano pela imprensa literária e pelo meio editorial portugueses (finais dos anos 60-finais dos anos 80)», «a atracção europeia pela literatura latino-americana começa por implicar a referência a uma ideia de América Latina que à data se confundia com a imagem de um laboratório de resistência social e política a regimes opressores» (Borges 2009: 27). Do interesse pela situação política e social ao interesse pela literatura é um passo: os leitores portugueses cativados pelo contexto hispano-americano procuraram ler ficção aí produzida. Even-Zohar sustenta que, para se dar a substituição de um repertório, não é necessária a mudança de repertório dentro de um grupo social, mas alterar as posições dentro da sociedade. Foi o que aconteceu com a Revolução Cubana no seio do polissistema português, que tornou menos periférica a América Latina – todo o seu conjunto, incluindo a literatura[26].

Vejamos, então, alguns títulos ensaísticos sobre países hispano-americanos, optando por uma ordem próxima da cronológica. Dissemos que foram principalmente publicadas obras que abordam o México, o Chile e Cuba, mas também a Argentina, a Colômbia, o Panamá, o Peru e a Venezuela. Comecemos por este último grupo. As obras mais antigas remontam ao período final da ditadura portuguesa, com a chancela da Centelha: *Peru: Camponeses e Generais* (1972) e *Argentina: Compreender o Peronismo* (1973). A partir de 1974, encontramos outros títulos, como *Peru: Exército, Nação, Revolução* (Dom Quixote, 1974), *A Revolução Peruana*, de Juan Velasco Alvarado (um dos nomes mais importantes do chamado socialismo militar latino-americano), e *A Batalha do Panamá*, de

26 Um cenário análogo aconteceu noutros países europeus. Sobre a situação em Espanha, Joaquín Marco, em *La llegada de los bárbaros*, destaca «la atracción que supuso para todos nosotros en sus comienzos la Revolución cubana. Los escritores que aquí residían eran convocados como jurados de los de Casa de las Américas y durante una primera época las visitas a la isla fueron frecuentes.» (Marco, Joaquín (2004): «Entre España y América» in Marco, Joaquín, e Garcia, Jordi, *La llegada de los bárbaros. La recepción de la literatura hispanoamericana en España, 1960–1981*. Barcelona: Edhasa, p. 35.)

Omar Torrijos (um dos responsáveis do golpe de Estado de 1968 e líder do país entre 1969 e 1981, ano em que foi assassinado). Estes dois livros foram lançado pela Iniciativas Editoriais, em 1975. Mais recente é *Hugo Chávez: Um Homem, Um Povo*, da autoria da socióloga chilena Marta Harnecker (Campo das Letras, 2006). O interesse pela Colômbia surgiu nos últimos anos com o destaque mediático dado às FARC, reflectido na edição em Portugal de relatos de antigas reféns da guerrilha, como *Memórias do Meu Cativeiro*, de Clara Rojas (Caleidoscópio, 2009), e *Até o Silêncio Tem Um Fim*, de Ingrid Betancourt (Objectiva, 2011).

Em relação ao México, existem claramente três pólos de interesse: a Revolução Mexicana de 1910, o Exército Zapatista de Libertação Nacional (EZLN) e, mais recentemente, a pintora Frida Kahlo. *México Insurrecto*, do jornalista e escritor norte-americano John Reed, é uma das obras mais importantes sobre a Revolução Mexicana - tendo inclusive dado origem à chamada *novela de revolución* que se desenvolveu nos anos seguintes no país. Corresponde, em certa medida, à versão latino-americana de *Dez Dias Que Abalaram o Mundo*, não só por ter sido escrito pelo mesmo autor, mas também por relatar num estilo semelhante, entre os registos jornalístico e literário, os movimentos de duas das revoluções mais importantes do século XX no mundo: a mexicana e a soviética. Existem duas edições em Portugal, a primeira da Fronteira (1977) e a segunda da Antígona (2002). O original foi escrito em inglês, mas a publicação portuguesa apresenta uma tradução de Serafim Ferreira realizada a partir da edição cubana de 1969. Podemos notar aqui mais um elemento do sistema Revolução Cubana no contexto português. Outro título neste âmbito é *Zapata, Terra e Liberdade*, com a chancela da Iniciativas Editoriais, de 1976. Quanto ao EZLN, o número de obras multiplica-se, inclusive com textos assinado pelo próprio subcomandante Marcos, o seu dirigente mais mediático. É o caso de *O Sonho Zapatista* (Asa, 1997) e *A 4.ª Guerra Mundial já Começou* (Campo das Letras, 1997). Há que referir também *Irma, Mulher de Chiapas: entre Revolta Zapatista e Vida Quotidiana*, de Élisabeth Stutz, da Campo da Comunicação (2001), e *Marcos, a Dignidade Rebelde: Conversas com o Subcomandante Marcos*, de Ignacio Ramonet - destacado jornalista espanhol, director de *Le Monde Diplomatique* entre 1990 e 2008 - da Campo das Letras (2005). Estes volumes são, na sua maioria, traduzidos do francês, o que revela uma mediação entre os sistemas mexicano e o português, que tem como origem as relações entre os zapatistas e grupos de jornalismo de esquerda europeus, em particular ligados à publicação *Le Monde Diplomatique*, e a sua divulgação nos meios culturais e políticos portugueses[27]. A projecção de

27 No campo jornalístico poderíamos dar variados exemplos, mas limitemo-nos a um caso do *Jornal de Letras*, publicação por excelência ligada à literatura: em 2001, o

Frida Kahlo em Portugal tem um ponto alto com o filme *Frida*, realizado por Julie Taymor em 2002, com a interpretação de Salma Hayek, Antonio Banderas e Edward Norton. Uma vez mais, torna-se evidente que a sétima arte desempenha um importante papel de mediação no polissistema português. Neste caso, é a figura da pintora mexicana que ganha projecção, mais do que os seus quadros. Esta tendência perdura até aos nossos dias. Damos como exemplo as exposições «Frida Kahlo», patente no Centro Cultural de Belém (Lisboa) entre Fevereiro e Maio de 2006, e «Frida Kahlo. As suas fotografias», no Museu da Cidade de Lisboa, entre Novembro de 2011 e Janeiro de 2012. Esta mostrava fotos, não da autoria da artista, mas imagens em que esta era retratada. Vejamos, então, alguns títulos de e sobre Kahlo: *Frida Kahlo: Auto-Retrato de Uma Mulher* (Quetzal, 1992); *Diego e Frida* (Relógio d'Água, 1994); *Frida Kahlo: Uma Vida* (Quetzal, 2002); *Escritos de Frida Kahlo* (Quetzal, 2007, e Círculo de Leitores, 2008); e *Frida Kahlo: Vida La Vida! Um Monólogo, Uma Vida, Uma Artista no Limite da Dor e da Paixão* (Books, 2009). Uma última referência para um livro bastante anterior e que, sendo assinado por um dos mais importantes autores brasileiros contemporâneos, tem no seu centro este país hispano-americano: *México: História de Uma Viagem*, de Érico Veríssimo, datado de 1957 (original e edição portuguesa da Livros do Brasil). Nesta obra de literatura de viagens, Veríssimo projecta uma imagem simultaneamente moderna e tradicional do México. O livro é ilustrado por vinhetas desenhadas pelo próprio escritor.

O Chile é objecto de um conjunto mais alargado de livros, todos posteriores a 1973 – ano do golpe de Estado liderado por Pinochet –, à excepção de um: *A Experiência Chilena*, uma compilação de José Fernandes Fafe publicada nesse mesmo ano. Entre outros títulos, foram lançados os seguintes: *Como a Imprensa Americana Distorceu a Imagem do Chile*, da portuguesa Maria Teresa Morais (Centelha, 1975); *O Combate do Presidente Allende* (Iniciativas Editoriais, 1975); *Duas Estratégias no Processo Chileno* (Centelha, 1976); *Chile, Economia de Livre Expressão* (Centelha, 1976); *Cinturas Industriais: Uma Experiência de Poder Popular no Chile* (Centelha, 1977); *A Revolução Chilena. A Ditadura Fascista e a Luta para a Derrubar e Criar Uma Nova Democracia*, de Luis Corvalán, então secretário-geral do Partido Comunista do Chile (Avante!, 1978); *O Chile de Allende Visto por Dentro* (Caminho, 1978); *Chile, o Golpe de Estado no Feminino ou Quando as Mulheres da Burguesia Descem à Rua* (Centelha, 1978); e *Os Mil*

periódico publicava ao longo de três páginas os resultados de um inquérito dirigido a intelectuais portugueses sobre a figura do subcomandante Marcos e o projecto revolucionário zapatista.

Dias da Revolução Chilena. Dirigentes do PCC sobre as Lições dos Acontecimentos do Chile, uma compilação de originais publicados na *Revista Internacional* em 1974, 1977 e 1978 (Avante!, 1979). Temos também o mais recente *Salvador Allende: O Crime da Casa Branca*, publicado pela Campo das Letras em 2005, demonstrando que o tema não foi esquecido em Portugal. Deixámos para o fim um título de 1986, paradigmático das publicações em Portugal sobre o Chile, no que diz respeito à perspectiva sobre os processos revolucionário e contra-revolucionário (a favor do primeiro e em oposição ao segundo) e ao objectivo pedagógico ou de divulgação: *O Chile Não É Um Conto*, com coordenação de Augusto Bianco (Centelha, 1986). O livro narra, de forma simples, como se se dirigisse a crianças e numa perspectiva assumidamente de esquerda, o percurso do Chile desde o período anterior às eleições que tornaram Allende presidente até ao golpe de Estado de Pinochet: a necessidade de o povo se organizar para resolver os problemas graves de desequilíbrio na distribuição de riqueza nacional, o processo eleitoral, as mudanças sociais, económicas e políticas implementadas pelo novo governo, as movimentações internas e externas do patronato chileno, a intervenção estrangeira, o golpe de Estado e o consequente retrocesso político e social do país. O texto é acompanhado, em quase todas as páginas ímpares, por ilustrações de Tabaré[28].

Se encontramos textos que se posicionam assumidamente apenas de «um lado» da questão chilena, o mesmo não se pode dizer em relação a Cuba. Como vimos, foram editadas obras a favor e contra o regime. As mais antigas correspondem às impressões pessoais de Alexandre Cabral, em *Um Português em Cuba* (Dom Quixote, 1969, e Prelo, 1974) e às alegações de defesa de Fidel Castro perante o tribunal que o julgava, em 1953, pelos assaltos aos quartéis de Moncada e Carlos Manuel de Céspedes, *A História Me Absolverá*, editado pela Presença em 1970, uma publicação sem dúvida corajosa, dado o contexto político que se vivia em Portugal. Esta obra foi relançada pela Prelo em 1971 e novamente pela Presença em 1974. Em 1971, a Dom Quixote edita *Cuba e o Socialismo* e a Iniciativas Editoriais *Cuba É Estalinista?*, sobre o «caso Padilla». Desde a interrogação do título, não é tomada nenhuma posição a favor ou contra o assunto, numa atitude que aparentemente se pretende imparcial, publicando documentos de ambos os lados da disputa. Na página 3, lemos:

28 Apresentemos outro exemplo do *Jornal de Letras*: a edição de 13 de Setembro de 1983 inicia-se com um *dossier* de seis páginas. «A tragédia chilena: a esquerda não esquecerá» é o título da primeira página, ilustrada com uma gravura que junta a bandeira daquele país e o rosto de Salvador Allende.

> «O regime cubano é estalinista» — Vargas Llosa.
> Cuba é estalinista?
> Nos limites do «caso Padilla» e de um pequeno caderno, apresentamos, por ordem cronológica, alguns documentos para uma resposta a essa pergunta. (Padilla 1971: 3)

A resposta não é dada pelo livro, apresentando este apenas elementos que podem levar a uma conclusão do leitor. Assim, a editora não se compromete demasiado face à ditadura portuguesa e lança um título sobre uma questão muito debatida naquele ano, que, aliás, se aproxima do posterior conjunto de textos contra o regime cubano. Ao longo de 19 páginas, seguem-se «Extratos da carta de Heberto Padilla ao governo cubano»; «O poeta Heberto Padilla foi libertado», por Marcel Niedergang, editado em *Monde*; «Extractos do discurso de Fidel Castro (30/Abril)»; «Os trinta e sete dias de um poeta», por Jean Daniel, publicado em *Nouvel Observateur*; «Quando se comete um erro, não há erro mais grave que não admitir que se errou», por Luigi Nono; «Estamos cansados» (declarações de Alejo Carpentier); «Vargas Llosa: o regime cubano é estalinista» (notícia de *El Mercúrio*); «A revolução cubana na "via soviética"» (notícia de *Monde*); «Não fui submetido a nenhuma violência» (notícia de *Monde*, com declarações de Padilla); e «O balanço do estalinismo deve fazê-lo a URSS» (*Prensa Latina*, com declarações de Padilla). Ainda antes de 1974, é editado *A Aventura Boliviana*, de Che Guevara, com Introdução de Fidel Castro, pela Inova (1972, com reedição três anos depois, pela Limiar).

Depois da Revolução do 25 de Abril, as publicações sobre Cuba multiplicam-se. Além dos textos de carácter geral, verifica-se uma concentração nas figuras de Fidel Castro e, mais ainda, de Ernestro Che Guevara. Damos alguns exemplos: *A Revolução Cubana: Uma Reinterpretação* (Centelha, 1975); *O Socialismo e o Homem em Cuba* e *Episódios da Guerra Revolucionária*, de Che Guevara (iniciativas Editoriais, 1975); *Sobre o Poder Local*, de Fidel Castro (Iniciativas Editoriais, 1975); *A Educação em Cuba* (Iniciativas Editoriais, 1975); *Obras de Che Guevara* (dois volumes, Ulmeiro, 1975); *Fazer a Revolução*, de Fidel Castro (Fronteira, 1975); *O Poder Popular em Cuba*, de Raul Castro (Iniciativas Editoriais, 1976); *Cuba: Revolução no Ensino* (Centelha, 1976); *Diário* (Círculo de Leitores, 1976) e *A Revolução Cubana e a Construção do Socialismo* (Fronteira, 1976), ambos de Che Guevara; *Cuba: Democracia ou Ditadura*, de Marta Harnecker (Iniciativas Editoriais, 1976); e *Cultura e Revolução: o Congresso Cultural de Havana* (Centelha, 1977). A figura do revolucionário argentino ainda hoje desperta o interesse do público nacional, meio século passado sobre o seu desaparecimento na Bolívia. Para ilustrar a sua popularidade, principalmente entre os jovens, poderíamis referir o uso de *t-shirts* com a sua imagem estampada, mas limitemo-nos aos catálogos editoriais. Por exemplo, em 2001, a Asa edita

Congo: o Sonho Africano, assinado pelo próprio Guevara; em 2004, a Terramar publica a terceira reimpressão de *Che: Ernesto Guevara, Uma Lenda do Século*; em 2008, a Ambar dá à estampa *Os Últimos Dias de Che: Paixão e Morte de Um Herói* e a Casa das Letras *Diários Inéditos da Guerrilha Cubana*; enquanto, em 2009, esta última traduz *Fidel & Che: Uma Amizade Revolucionária*, a Guerra & Paz *Do Ernesto ao Che* e a Presença *Evocação. A Minha Vida com Che*, de Aleida March, obra apresentada da seguinte forma em anúncios publicitários, nomeadamente na revista *Ler*: «Fotografias, cartaz, apontamento, poemas que nos revelam não só o mundo fascinante e perigoso de Che, mas também o seu lado mais íntimo e desconhecido.» (2009: 5) O revolucionário argentino é, portanto, apresentado na sua dupla vertente de homem e de figura histórica, juntando componentes particulares e públicas, salientando-se uma imagem de «fascínio» e «perigo». Neste ponto, devemos referir mais um filme, *Diários de Motocicleta*, realizado em 2004 por Walter Salles e protagonizado por Gael García Bernal. Com bastante sucesso nos cinemas, a fita naturalmente contribuiu para o relançamento da figura de Che Guevara no país, ou melhor, para um realicerçar da sua história e projecto. O mesmo se pode dizer de *Che: o Argentino* e *Che: Guerrilha* (2008), dois filmes em sequela, com a realização de Steven Soderbergh e a interpretação de Benicio Del Toro, Julia Ormond e Rodrigo Santoro. Prova da popularidade do revolucionário também entre os intelectuais e escritores portuguesa é *Dez Poemas para Che Guevara*, que junta composições de António Ramos Rosa, Egito Gonçalves, Eugénio de Andrade, Fiama Hasse Pais Brandão, Hélia Correia, João Rui de Sousa, Jorge de Sena, Marta Cristina de Araújo, Miguel Torga e Nuno Guimarães e ainda um desenho de José Rodrigues. Fidel Castro é uma figura menos consensual, mas igualmente objecto de numerosas obras, como *Fidel Castro: Biografia a Duas Vozes*, de Ignacio Ramonet (Campo das Letras, 2006); *Objectivo: Matar Fidel. 634 Atentados para Destruir Fidel Castro* (Ambar, 2008); e *Autobiografia de Fidel Castro*, de Norberto Fuentes (Casa das Letras, 2011). As obras contra o regime cubano vão-se impondo nos últimos anos. Apresentamos três exemplos: *Alina: Memórias da Filha de Fidel Castro*, de Alina Fernández (Notícias, 1998, e Círculo de Leitores, 1999); *Fantasia Vermelha*, de Iván de la Nuéz (Angelus Novus, 2009); e *Cuba Livre*, da bloguista dissidente Yoani Sánchez (Casa das Letras, 2010).

Mais recentemente sublinha-se o número de publicações críticas, cujo principal critério é, aparentemente, mais do que a qualidade das obras em si, o facto de censurarem Havana, numa clara integração nos objectivos da «agenda» de que falávamos no Capítulo II. O já citado editor Alberto Vilar reconhece-o: «Há uma certa preocupação em publicar autores cubanos quando eles espelham estereótipos em relação a Cuba: a revolução, o exotismo local, as dificuldades económicas.

Contra mim falo no sentido em que em Portugal aproveitamos essas tendências.» (Ribeiro 2012: 11) A maioria das peças jornalísticas sobre autores cubanos destaca o posicionamento político destes, relegando para segundo plano a obra em si. Tal acontece numa entrevista feita pelo jornal *i* a Manuel Díaz Martínez, em 2011, em que é sublinhada a sua oposição política ao governo cubano. «Manuel Díaz Martínez é um poeta cubano que vive exilado nas Canárias» (Rodrigues 2011: 6): a frase inicial da peça dá o tom que acompanha todo o artigo. Em 11 perguntas feitas pelo jornalista, apenas uma se refere à obra do autor e, ainda assim, na sua relação com o país natal: «E a sua poesia mudou pelo facto de estar longe de Cuba?» (Rodrigues 2011: 6) Concluiu-se, portanto, que se trata de uma entrevista a um exilado que é poeta, e não a um poeta que está exilado. Karla Suárez – escritora cubana que reside em Lisboa e também ela crítica de Havana – lamentou esta concentração no campo político, em entrevista:

> Agora já estou mais habituada, mas no início era estranho. Estava a apresentar o meu livro e perguntavam-me o que ia acontecer a Cuba depois de Fidel. Não sabia responder, ainda não sei responder. Sou uma escritora, não sou analista política. Escrevi um livro, com uma história, e ninguém me fez perguntas sobre o meu livro. (Ribeiro 2012: 8–9)

Mas voltemos aos ensaios publicados, para dar exemplos das poucas obras existentes sobre a América Hispânica: *História da América Latina*, de George Pendle (Ulisseia, 1967); *O Direito na América Latina: Conteúdo e Ensino* (Centelha, 1975); *Reformismo Militar e Luta Armada na América Latina* (Iniciativas Editoriais, 1975); *Lenine e a Questão Colonial*, do político e economista cubano Carlos Rafael Rodríguez (Iniciativas Editoriais, 1975); *Crise Imperialista e Classe Operária na América Latina* (Centelha, 1976); *História da América Latina* (Edições Progresso, 1991, com sede em Moscovo); *As Américas: História Breve* (Círculo de Leitores, 2004); e *Os Avanços Revolucionários na América Latina* (Avante!, 2010).

Uma palavra ainda para a colecção «Vida Quotidiana», da editora Livros do Brasil, que dedica cinco títulos da sua extensa lista à América Hispânica, entre eles o número 1 da colecção, *A Vida Quotidiana dos Aztecas nas Vésperas da Conquista Espanhola*, de Jacques Soustelle, com impressões em 1957 e 1961. Seguem-se *A Vida Quotidiana no Tempo dos Últimos Incas*, de Louis Baudin (número 4, 1958), *A Vida Quotidiana do Peru no Tempo dos Espanhóis*, de Jean Descola (número 21, 1964), *A Vida Quotidiana no Paraguai no Tempo dos Jesuítas*, de Maxime Haubert (número 33, 1969) e o recente *A Vida Quotidiana na Colónia do Sacramento*, de Paulo César Possamai (número 48, 2006). Assim, apenas dez por cento dos títulos desta longa colecção (no número de livros editados e nas décadas de publicação) tratam de temas que se enquadram no âmbito do nosso estudo, dois no período pré-colombino e três na fase colonial.

III.II. Colóquio/Letras

A revista *Colóquio/Letras* foi criada em 1971 pela Fundação Calouste Gulbenkian, fruto da cisão da *Colóquio, Revista de Artes e Letras*. Teve como primeiros directores Hernâni Cidade, Jacinto do Prado Coelho e David Mourão-Ferreira. Lemos na nota de abertura: «*Colóquio/Letras* vem preencher uma lacuna que se tornava sensível: será, em Portugal, a única revista especificamente literária – com textos de poesia e de ficção, mas, na maior parte, destinada ao estudo de modo não puramente erudito, não polémico, não meramente divulgativo, antes serenamente reflexivo, problemático, ensaístico.» (Cidade e Coelho 1971: 5)

Encontramos na revista cerca de trinta artigos que abordam as literaturas hispano-americanas, publicados entre 1971 e 1998[29]. Temos recensões a obras (na sua maioria críticas), algum noticiário, artigos sobre autores específicos (quase sempre a propósito de um acontecimento, como a entrega de um prémio ou a sua morte) ou sobre temas concretos que abordam escritores hispano-americanos e – o mais interessante e inovador – leituras comparatistas entre obras de autores de Portugal e da América Hispânica, como Augusto Abelaira e o argentino Jorge Luis Borges, Ruy Belo e o chileno José Miguel Ibañez-Langlois, Mário de Sá-Carneiro e o venezuelano José Antonio Ramos Sucre, Fernão Mendes Pinto e o mexicano Carlos de Sigüenza y Góngora, e António Ramos Rosa e o também mexicano Octavio Paz. Do total, cinco textos foram publicados em espanhol.

A maioria dos artigos foi escrita por estrangeiros – hispano-americanos e brasileiros –, o que demonstra uma mediação do Brasil entre os sistemas hispano-americano e português. Verifica-se também uma mediação francesa, presente, por exemplo, na notícia sobre o XXII Congresso do Instituto Internacional de Literatura Ibero-Americana, realizado em Paris, em 1983, «sob os auspícios da UNESCO e das Universidades parisienses» (Jozef 1983: 83), ou na referência a títulos em francês de obras originais em espanhol. Tal acontece, entre outros, no artigo «Três escritores franceses vindos de longe», de Urbano Tavares Rodrigues, em que este cita *Les armes secrètes*, *Tous le feux le feu* e *Le livre de Manuel*, em vez de *Las armas secretas*, *Todos los fuegos el fuego* e *El libro de Manuel*, de Julio Cortázar. Este escritor, professor e crítico vai mais longe ao considerar os argentinos

29 Como referimos, nos anos mais recentes, a revista tem-se dedicado de uma forma mais exclusiva à literatura portuguesa.

Cortázar e Hector Bianciotti – a par de Milan Kundera – novos escritores franceses, mesmo se simultaneamente lembra a ambiência hispano-americana das suas obras e a própria escrita em espanhol (excepto parte da obra de Bianciotti, já produzida em francês): «são ainda aqueles estrangeiros que se tornaram franceses quem fornece finalmente ao mundo das letras um dos contributos mais ricos da produção mundial» (Rodrigues 1986: 98). Trata-se, pois, de uma posição no mínimo polémica, mas que se pretende elogiosa para a literatura francesa – e, diríamos nós, para a literatura argentina. Urbano Tavares Rodrigues conclui, aliás, o seu texto com as seguintes palavras: «A francofonia só tem que se orgulhar destes adventos eminentemente paradigmáticos.» (Rodrigues 1986: 99).

Falávamos da origem estrangeira da maioria dos autores dos artigos. De facto, são mais comuns textos de brasileiros (como Fábio Lucas, Leonilda Ambrozio, Lelia Parreira Duarte, Horácio Costa e principalmente Bella Jozef) e de hispano-americanos (entre eles, Carlos González Álvez, Eugenio Montejo e, com maior frequência, Santiago Kovadloff). Entre os poucos portugueses, destaca-se Álvaro Manuel Machado. Um aspecto evidente é a circularidade destes críticos: por exemplo, além de vários textos de Bella Jozef e Álvaro Manuel Machado, foram publicadas recensões a obras suas sobre literatura hispano-americana nas páginas da *Colóquio/Letras*. Tal situação revela que existiria um número reduzido de especialistas em literaturas hispano-americanas, em particular portugueses – o que, por sua vez, indica a sua posição periférica no polissistema português. Por outro lado, o facto de serem estrangeiros a escrever os artigos explica a ausência de elementos que de outra maneira muito provavelmente estariam presentes nos textos. É o caso do artigo de Bella Jozef «Octavio Paz, Prémio Nobel de Literatura 1990», que não refere o ensaio de Paz sobre Pessoa, apesar de esse ser um dos poucos trabalhos do poeta e ensaísta mexicano editados à data (*O Desconhecido de Si Mesmo*, publicado pela Iniciativas Editoriais e pela Vega, como vimos) e, portanto, um dos mais reconhecíveis pelo público português.

Que autores e temáticas encontramos nestas páginas? Quanto a temas, realismo mágico, a formação de narrativas nacionais (argentina e uruguaia), a relação da literatura com o espaço, os imaginários e as culturas locais, o processo de criação e recepção, inovações linguísticas e literárias e concepções de poesia. Entre os escritores, principalmente Jorge Luis Borges, Julio Cortázar, Pablo Neruda e Octavio Paz, mas também Roberto Arlt, Carlos Martínez Moreno, Eduardo Galeano, José Lezama Lima, Vicente Huidobro, Hector Bianciotti, Luisa Mercedes Levinson, Beatriz Guido, José Miguel Ibañez-Langlois, José Antonio Ramos Sucre e Carlos de Sigüenza y Góngora, além de referência a Alejo Carpentier, Gabriel García Márquez, Ernesto Sabato, Juan Carlos Onetti, Rómulo Gallegos e Miguel Ángel Asturias. E que imagem das letras hispano-americanas é transmitida pela *Colóquio/Letras*? A de literaturas pujantes, reconhecidas internacionalmente, com autores cosmopolitas (como Cortázar e Borges) e autores mais arreigados no subcontinente, sendo em parte associados a um certo regionalismo exótico: «estudar a Literatura Hispano-Americana é adentrar-se pelos caminhos do mágico, dos mitos, dos deuses, da máxima poesia de uma prístina América» (Ambrozio 1987: 138). Mas também a de literaturas que, não sendo distantes da literatura portuguesa – veja-se os cinco pertinentes trabalhos comparatistas a que aludimos –, são, contudo, quase desconhecidas em Portugal. Escrevia, em 1974, Santiago Kovadloff, numa recensão a *Antologia de Pablo Neruda*, com selecção e tradução de José Bento, editado no ano anterior:

> Ciertamente no es Portugal, entre las naciones europeas, la mejor servida en términos de difusión de literatura hispanoamericana. Nombres primordiales, que han dado prestigio y consistencia a la narrativa americana en lengua castellana son allí –al igual que los de quienes conforman el repertorio poético actual de estas latitudes– poco menos que ignorados. [...] Desdén con desdén se paga y así andamos nosotros –portugueses e hispanoamericanos– recíproca y absurdamente sordos. [...] no puede sino alegrarnos –y mucho– saber que, en Portugal, Pablo Neruda ha logrado, como Borges, como Cortázar, atravesar el muro de la indiferencia.
> Seguramente beneficiado por el renombre que le acarreó el Premio Nobel, su poesía acaba de merecer una espléndida edición antológica. (Kovadloff 1974: 83)

Já Bella Jozef, na sua crítica a *Introdução à Literatura Latino-Americana Contemporânea*, de Álvaro Manuel Machado, escreve que «obras como esta, de grande lucidez e sensibilidade, são sempre bem-vindas, pois implicam em maior conhecimento mútuo – Europa e América –, nesta empresa de esclarecimento e compreensão em que estamos todos empenhados» (Jozef 1980: 86).

Da leitura deste conjunto de artigos, devemos tirar uma outra conclusão: mesmo se não estiverem publicados em Portugal, os intelectuais portugueses – que escrevem e lêem a *Colóquio/Letras* – conhecem um importante conjunto de autores hispano-americanos. Daí que oiçamos ecos das literaturas hispano-americanas nas suas obras. Esta constitui, pois, mais um reforço da argumentação fundamental do nosso trabalho, em particular no que diz respeito ao realismo mágico, abordado num capítulo posterior.

III.III. Vida Mundial

A revista *Vida Mundial* foi uma publicação associada ao jornal *O Século* que surgiu na década de 1960 e, como o título indica, dedicada a questões internacionais. Entre os seus directores, conta-se Carlos Ferrão, Francisco Eugénio Martins, Augusto Abelaira e Natália Correia.

Tendo consultado todos os números da *Vida Mundial* desde Abril de 1967 até ao seu encerramento, em Novembro de 1976, concluímos que poucas são as ocasiões em que as literaturas hispano-americanas são abordadas e, quando tal acontece, encontramos com frequência marcas de mediação de outros países, em particular de França, Estados Unidos e Brasil, através de títulos noutras línguas e da referência a críticos, publicações e editoras estrangeiras. Por exemplo a 10 de Abril de 1970, a revista incluía citações de *The New York Review* e de *Times* a propósito dos novos escritores da América Latina; a 29 de Maio de 1970, eram recuperadas opiniões dos críticos Alain Bosquet e Claude Fell em artigos sobre Octavio Paz e Salvador Elizondo; a 12 de Janeiro de 1973, num balanço sobre livros publicados nos EUA no ano anterior, é incluído *A Universal History of Infamy*, de Jorge Luis Borges; a 9 de Novembro de 1973, escrevia sobre *Le apport de Brodie*, de Borges, e, a 15 de Março de 1974, sobre *Peau Neuve*, de Carlos Fuentes. Em relação ao Brasil, apresentamos três exemplos: a 8 de Maio de 1970, um artigo sobre *Cem Anos de Solidão* termina com um resumo biográfico de Gabriel García Márquez retirado da edição da Sabiá-Centro do Livro Brasileiro; a 7 de Agosto do mesmo ano, o texto «Os funerais da Mamãe Grande» baseia-se também na publicação da Editora Sabiá, comentando ainda a tradução de *Cem Anos de Solidão* pela poeta Eliane Zagury (mais tarde adaptada para a edição portuguesa da Europa-América, como vimos no Capítulo II) e as suas técnicas e opções, com uma entrevista indirecta; e o número de 8 de Janeiro de 1971 inclui uma peça de três páginas sobre Pablo Neruda, na rubrica «Um perfil e uma obra», a propósito de uma conferência de imprensa dada pelo poeta chileno no Rio de Janeiro. O próprio jornalista que escreve grande parte dos artigos, Fernando Dil, é de nacionalidade brasileira, embora radicado em Lisboa. Por vezes, impõe-se a ideia de que se fala sobre literatura hispano-americana devido ao seu reconhecimento internacional, mais do que pelo seu interesse intrínseco. Daí também a necessidade de recorrer a referências dos centros culturais reconhecidos pelo público, não só como fonte de informação, mas também como garante de qualidade destes autores.

No essencial, a *Vida Mundial* transmite uma imagem das literaturas hispano-americanas como literaturas inovadoras, de vanguarda e, por vezes, «exóticas». Em 1967, Miguel Ángel Asturias é apresentado como responsável por «uma vantajosa simbiose de cultura maya e vanguarda estética europeia» (C. 1967: 61). A atribuição do Prémio Nobel da Literatura ao escritor guatemalteco contribuiu para «promover o diálogo entre as diversas culturas e o seu recíproco conhecimento» (C. 1967: 61) e a abertura da Europa a outras literaturas. «Sem isto, sem esta exigência e esta humanidade, sem a noção, à escala planetária, das conquistas efectuadas por todos os povos de todos os continentes, de pouco serve a técnica espacial e as vitórias que a ciência vai acumulando» (C. 1967: 61), escrevia-se na edição de 17 de Novembro de 1967. No número anterior, numa notícia sobre a edição de *Literatura na América Latina* na Alemanha – que reúne 61 autores de língua espanhola e portuguesa – indica «algumas lacunas» (1967: 60), embora o último dos nomes «em falta» seja de um autor espanhol: Gabriel Mistral, César Vallejo, Nicanor Parra, Enrique Lihu e Juan Ramón Jimenez. Este erro mostra voluntarismo do jornalista, mas também revela o desconhecimento a que faz referência um texto publicado cerca de um mês depois, «História da América Latina», sobre um volume de George Pendle: «Acerca da América Latina e dos seus problemas prevalece ainda o que *The Economist* designou, não há muito tempo, por "abusadora ignorância".» (1967: 61)

Em 1968, temos apenas uma notícia, sobre a publicação em França de um volume com entrevistas a Borges, em que este é apresentado como o «grande escritor argentino» (1968: 57). No ano seguinte, encontramos mais referências pertinentes. Começamos com uma pequena peça sobre a tradução do ensaio *América Latina*, de Asturias, «uma obra literária "comprometida"» (1969: 53) com o subcontinente, continuando com um artigo a propósito do sucesso de *Cem Anos de Solidão* em Espanha e França, que se estende a outros autores:

> Assiste-se neste momento a um interesse quase frenético pela literatura sul-americana, roçando já o mito e o snobismo, o que se traduz pelo facto de se terem vendido, em todo o Mundo, por exemplo, um milhão de exemplares dos livros de Cortázar, outro importante escritor sul-americano, que há quem considere um tanto rapidamente o Joyce da língua castelhana. (1969: 48)

Nota-se aqui um tom de cepticismo, que, contudo, não impediu a publicação do texto. Neste, é resumida a acção de *Cem Anos de Solidão* e explicada a «novidade de Gabriel García Márquez e de muitos dos escritores do novo romance latino-americano» (1969: 48): o regresso à estrutura romanesca típica e o abandono da análise social, com o verbo a ocupar o lugar de «um poderoso instrumento evocador que penetra numa realidade que, por mais profunda, não impede a análise das questões sociais e políticas» (1969: 48). Em Março, *O Espelho de Lida Sal*, de Asturias, é o tema de uma crítica de duas colunas, ilustrada com uma foto do autor. «Uma descoberta apaixonante» (V. 1969: 59), lemos na legenda. «Foi necessário um Prémio Nobel [...] para que os leitores portugueses conhecessem um dos maiores escritores contemporâneos e uma das vozes mais ricas dessa América Latina, dividida pela ignomia social e o valor dos gestos que, nascendo dela, lutam pela sua destruição – Miguel Ángel Asturias» (V. 1969: 59), reconhece a revista. A nota termina com o desejo de ver traduzidas obras de

Juan Rulfo, Carlos Fuentes, Rómulo Gallegos, Alfredo Varela, Alejo Carpentier e Jorge Icaza. Asturias volta a ser notícia em Dezembro, quando visita Portugal:

> Este grande escritor, consagrado, em 1967, com o único prémio literário de carácter universal, continua a ser um dos primeiros representantes da riquíssima literatura hispano-americana. [...] O regional e o nacional, sempre que há uma consciência profunda do homem, adquirem projecção universal. Esta a mensagem de todos os livros de Miguel Ángel Asturias. Esta, uma das recomendações que deu aos jornalistas e escritores que o entrevistaram. (1969: 65)

Em 1970, aumentam consideravelmente as publicações: oito artigos ao longo de cinco números. O primeiro, «América Latina. A explosão dos novos escritores», aborda os novos autores com projecção mundial, apresentando de forma sucinta Roberto Fernandez Retamar, Gabriel García Márquez, Mario Vargas Llosa, Fernando Benitez, Julio Cortázar, Carlos Fuentes, Ciro Alegria e Ernesto Sabato. Numa redacção dividida entre as limitações da censura oficial e a tendência de esquerda de muitos jornalistas e gráficos, surge nesse mesmo número «Os intelectuais cubanos e o Poder», artigo sobre a União Nacional dos Escritores e Artistas de Cuba e os conflitos «entre os intelectuais e o regime castrista» (1970: 60). A literatura argentina é analisada no mês seguinte, em artigos sobre César Moreno e Julio Cortázar, o primeiro apresentado como herdeiro do sucesso do segundo e este como um fenómeno em França, impondo-se «pela sua técnica e a sua arte do fantástico, que considera não como um exercício literário, mas como uma maneira de ver o Mundo e exprimir uma metafísica da existência» (1970: 61). Uma semana depois, regressamos a García Márquez e ao êxito de *Cem Anos de Solidão*, «a novela que desencadeou o maior fervor na América espanhola» (Dil 1970c: 59) e que recebeu o prémio do Melhor Livro Estrangeiro de 1969 em França. Ainda em Maio, dois artigos sobre os mexicanos Octavio Paz – que conquistou «um dos primeiros lugares não só na literatura de língua espanhola, mas na literatura mundial» (1970: 60) – e Salvador Elizondo e o seu *Farabeuf* – que «talvez seja um novo marco para a novela hispano-americana» (Dil 1970a: 61). Em Agosto, García Márquez volta às páginas da *Vida Mundial* com a referida recensão de três páginas sobre *Os Funerais da Mamãe Grande*, obra considerada inferior a *Cem Anos de Solidão*, este, sim, «romance que é um rasgar de seda de toda a literatura hispano-americana» (Dil 1970b: 62).

Em 1971, temos apenas dois artigos, o citado «Um perfil e uma obra. Pablo Neruda» e «Dois olhos – Duas paisagens» sobre García Márquez e Asturias. No primeiro, Fernando Dil discute a qualidade literária do poeta chileno, abordando mais o seu percurso biográfico do que a sua obra poética. No segundo, António Câmara Oliveira compara a obra do guatemalteco com a do colombiano, «dois modos, enfim, de colher a imagem do povo: na sua exiguidade de meios ou na simultânea extravagância de processos; na sua superstição do passado ou no desprezo dos deuses futuros» (Oliveira 1971: 51).

José Donoso surge na revista em 1972 devido a *O Obsceno Pássaro das Noites*, com o crítico a sublinhar que «a esquisita história de bruxaria, escrita por Donoso, está, na verdade, muito próxima de cada um de nós» (1972: 58). A literatura hispano-americana regressa através de «Duas perguntas ao escritor peruano Mario Vargas Llosa» sobre a responsabilidade social e política dos escritores e «Encontro com Pablo Neruda», um texto de duas páginas assinado por García Márquez. Aí, o colombiano aborda o percurso de vida do poeta, as suas origens, a passagem para a diplomacia como forma de reconhecimento da sua obra, o envolvimento na Guerra Civil espanhola e a sua motivação política, a acção como senador e o cumprimento dos compromissos com o eleitorado, o exílio e o regresso ao Chile com o governo de Allende. García Márquez recorda as circunstâncias em que conheceu Neruda, terminando com uma nota sobre o seu próprio trabalho:

> Eu vinha de Londres e, quando passávamos a uma outra sala, Neruda interrogou-me de repente: «Que espécie de recepção deram em Inglaterra aos *Cem anos de solidão*? Perguntei recentemente ao Presidente Pompidou se o tinha lido e ele disse-me que não; então mandei-lhe um exemplar em francês e um outro em espanhol. Se ainda o não leu, deve fazê-lo imediatamente. É o livro mais maravilhoso em língua espanhola, depois de *Don Quixote*.» (García Márquez 1972: 45)

Ao publicar este artigo, a *Vida Mundial* reconhece e divulga duas gerações de escritores, dois nomes cimeiros, um então já prémio Nobel, o outro prestes a sê-lo.

Em 1973, a revista volta a abordar o sucesso mundial da literatura hispano-americana. É precisamente sobre as causas desse sucesso que é publicada uma resposta de Mario Vargas Llosa, em que este sublinha a qualidade literária das obras, o incremento editorial, a decadência da novela de outros países e a revolução formal verificada: «os novos autores não criam apenas histórias; criam novas técnicas, novas linguagens; rompem com certos padrões e dão universalidade ao romance latino-americano.» (1973: 56) Apesar das dúvidas manifestadas em 1971, Fernando Dil publica dois anos depois um conjunto de artigos sobre Neruda que se estendem ao longo de nove páginas. Estas peças surgem menos de um mês depois do golpe de Estado de Pinochet e da morte do poeta. Multiplicam-se as referências biográficas e poéticas, apoiadas em alusões a outros autores, como José Eustásio Rivera, Jorge Amado, Rómulo Gallegos, Ricardo Guiraldes, Jorge Luis Borges, Gabriela Mistral, Mario Benedetti e Jorge

Edwards (os dois últimos apresentados apenas como ensaístas). Inclui ainda excertos de entrevistas publicadas noutros países e uma cronologia. Nesse ano, seguem-se vários trabalhos relacionados com as literaturas hispano-americanas: «Um cubano: Sarduy», a propósito da entrega a Severo Sarduy do Prémio de Melhor Autor Estrangeiro-72, em França; «Notas para algumas leituras», que inclui várias linhas sobre *Le rapport de Brodie*, de Borges; e «A imediatização...» sobre a Feira do Livro de Frankfurt, destacando a produção latino-americana, em especial da Argentina, do México e da Bolívia, e acompanhado pela nota da publicação em Portugal de *Heróis e Túmulos*, de Ernesto Sabato, e de *Histórias de Cronópios e de Famas*, de Julio Cortázar.

Em 1974, ainda antes da Revolução, a *Vida Mundial* publica em Fevereiro «Os tambores de Rancas», a propósito da tradução portuguesa de *Rufam Tambores por Rancas*, do peruano Manuel Scorza, e, em Março, «México. Fuentes e Avilés», sobre Carlos Fuentes, Octavio Paz e René Avilés Fabila. Após o 25 de Abril, as atenções naturalmente centram-se no plano interno, mas em 1975 voltamos a encontrar novos artigos. O primeiro é uma curta recensão a *Três Tristes Tigres*, de Guillermo Cabrera Infante, que salienta que, «ao contrário do que sucede na Europa, em que o jogo verbal tende muitas vezes a esconder a vida, os latino-americanos sabem fundir na literatura a vida com as palavras» (1975: 5). As memórias de Neruda, *Confesso Que Vivi*, são também noticiadas, com a referência à morte do poeta pouco depois do golpe de Estado:

> num Chile esmagado pelo fascismo. E o resto do livro é o que está por trás na vida deste grande poeta que simultaneamente foi um apaixonado defensor da dignidade humana: a infância, a igualdade, as vagabundagens pelo mundo, a guerra de Espanha, o comunismo, Allende. Um pouco da nossa época. (1975: 6)

Mais tarde, *Pantaleão e as Visitadoras*, de Vargas Llosa, é tema de uma recensão, com resumo da trama inicial do romance. Lemos aí: «Mario Vargas Llosa que pertence àquela meia dúzia de grandes romancistas sul-americanos recentemente descobertos pela Europa, constrói uma sátira que é uma crítica cerrada ao nosso tempo no nosso tempo e uma obra-prima de humor.» (1975: 5) Perto do fim do ano, sai outra notícia, esta com um carácter diferente. Trata-se da referência à publicação de *Con mis versos en combate*, do boliviano Joaquín Hinojosa. O crítico, depois de aludir à qualidade inferior dos poemas, dá uma sugestão:

> porque não a publicação entre nós dos melhores poetas tanto de Espanha como da América Latina? O leitor que desprevenidamente pegue neste livro de Hinojosa e não conheça minimamente a poesia latino-americana, não fica por certo com uma ideia muito feliz do que é a poesia que na América Latina se faz no nosso tempo. (R. 1975: 6)

Devemos aprofundar a análise do artigo «Os tambores de Rancas», de José Martins Garcia, visto ponderar sobre a perspectiva da crítica e do público portugueses em relação ao êxito de obras hispano-americanas. Vejamos algumas passagens:

> [...] de um dia para o outro (de um ano para o outro, de uma década para a outra), a Europa aprende a ler Gabriel García Márquez, Mario Vargas Llosa, etc., e agora, ainda por cima, Manuel Scorza? [...] Esse repúdio – rejeição global do latino-americano – pode assentar no ciúme, no ressentimento, no medo da concorrência, na preservação de valores sagrados, na acatação de estéticas consagrados, no europocentrismo, no ocidentalismo uno e perene, na domesticidade romana da família, no nec plus ultra, na exclusão dos seres oriundos de latitudes intemperadas, na gana de suprimir a pena impertinente, no horror do vocabulário, na impropriedade da metáfora, na rudeza do verbo, etc.
>
> Um fenómeno parece, apesar de tamanha flutuação, destacar-se: o ódio. É dedicado pelos bem-nascidos das letras a tudo o que cheire a latino-americano. Felizmente eles são exímios na arte de deixar cair a máscara. Na realidade, eles não argumentam; apenas repetem o pequeno ensinamento de autores consagrados em nome da atrofia de horizontes.
>
> [...] Odeiam García Márquez, como odeiam Manuel Scorza, num virar de focinho frustrado para uvas acima de horizontes reduzidos. [...] Odiá-la, desacreditá-la, deturpá-la, bani-la. Estrangulá-la pseudocriticamente em vista do abalo que produz no sedentário manipulador de opiniões estagnadas. [...] Por que diabo, por que calamidade, por que invenção inestética, por que impudor singra e se expande essa «plebe» de autores latino-americanos? [...] O miserável sem propriedade, sem princípios, sem futuro assente no respeito de outrem, funciona como o leproso ou o louco, incapaz por preguiça congénita, por indecoro, por instinto, por luxúria – e o seu espaço é o da síntese de todas as forças do mal. Assim a comunidade eleita se sente salvaguardada, limpidamente isenta da má consciência. (Garcia 1974: 39)

Trata-se, pois, de uma defesa potente – em tom irónico e sarcástico – das literaturas hispano-americanas, alvo de preconceitos, desconhecimento e má-vontade dos críticos e algum público, que, contudo, permanecem na ignorância de obras inovadoras do ponto de vista temático e estilístico. José Martins Garcia não fala, em rigor, do texto de Scorza, criticando antes o eurocentrismo. Este corresponde ao cenário geral da intelectualidade e do mundo editorial portugueses, reflectido também nas páginas da *Vida Mundial*. De facto, não sendo uma publicação sobre livros, como vimos, inclui em quase todas as suas edições artigos sobre literatura. No total, poucos abordam a escrita do outro lado do Atlântico. Será realmente necessário «aprender a ler» (Garcia 1974: 39) estes autores, como escreve José Martins Garcia? Será, pois, um percurso a fazer pelos críticos e leitores portugueses? Trata-se da abertura a outras culturas de que se falava no artigo de 1967 sobre Asturias, uma abertura que, no entanto, deve dirigir-se à boa ficção e poesia, de forma a conquistar novos leitores, como aconselhava L. M. R. Uma abertura para a qual a *Vida Mundial* também terá contribuído.

III.IV. Universidades e outras instituições

Segundo a teoria dos polissistemas, as instituições desempenham um papel fundamental na dinâmica do sistema. Estas instituições regulam as normas, sancionando-as ou recusando-as, determinando que modelos e produtos serão conservados e funcionando como intermediárias entre as forças sociais e os repertórios de cultura, paralelamente ao mercado. Em certa medida, corresponde à memória colectiva enquanto factor de coesão e da preservação de um repertório canonizado que será transmitido entre gerações. Even-Zohar considera que as instituições centrais são aquelas relacionadas com a educação e os meios de comunicação.

Vejamos, então, algumas das instituições mais relevantes na divulgação das literaturas hispano-americanas em Portugal, para lá do mundo editorial. Comecemos pelo Instituto Cervantes de Lisboa, surgido em 1993, no seguimento do Centro Cultural Espanhol de Lisboa, fundado dois anos antes. No seu edifício existe um auditório, uma sala de exposições, uma biblioteca e salas de aulas para o ensino do espanhol. Esta instituição colabora e participa em acções culturais em várias zonas do País, nomeadamente promovendo actividades próprias e em colaboração com outras organizações. O Instituto Cervantes é dirigido por representantes dos mundos académico e cultural espanhóis e hispano-americanos, dependendo do governo de Madrid. Por seu lado, a Casa da América Latina foi criada em 1998 com o objectivo de aproximar Portugal da América Latina «através do estímulo ao conhecimento e da cooperação com os países latino-americanos»[30]. A sua acção desenvolve-se nas áreas da cultura, conhecimento, economia e política, mediante actividades culturais, empresariais e diplomáticas. Sendo uma associação sem fins lucrativos e de direito privado, tem como associados efectivos a Câmara Municipal de Lisboa, o Ministério dos Negócios Estrangeiros e as Embaixadas da Argentina, Brasil, Chile, Colômbia, Cuba, El Salvador, Equador, Honduras, México, Panamá, Paraguai, Peru, Uruguai, República Dominicana e Venezuela, além de cerca de dez empresas. Entre muitas outras iniciativas,

30 Disponível in http://casamericalatina.pt/quem-somos/apresentacao.

destacamos o Prémio de Criação Literária e o Prémio de Tradução que a Casa da América Latina promoveu durante vários anos, alternadamente, desde 2006.

Um dos festivais mais importantes neste âmbito é o «Correntes d'Escritas», que decorre anualmente na Póvoa do Varzim desde 2000, reunindo escritores de línguas portuguesa e espanhola. É considerado um dos mais importantes encontros literários em Portugal, dada a profícua comunicação entre as centenas de escritores e editoras que já participaram, oriundos da Península Ibérica, da América Latina, de África e da Ásia. O festival inclui mesas-redondas e encontros com estudantes. Em 2004 passaram a ser atribuídos dois prémios, um a novas obras em prosa ou poesia, outro a autores entre os 15 e os 18 anos de idade.

O ensino superior constitui, sem dúvida, uma das mais importantes instituições na consagração e no reconhecimento intelectual e académico das literaturas estrangeiras. O estudo universitário das literaturas hispano-americanas em Portugal é recente, fruto da sua posição periférica no sistema. Procurámos conhecer a situação global pela pesquisa das ofertas educativas em várias escolas e por um questionário a professores ou antigos professores do ensino superior[31].

Tanto quanto nos foi possível descobrir, na Universidade de Lisboa, foi criada uma disciplina de Literaturas Hispano-Americanas (LHA) após o 25 de Abril

---

31 Agradecemos a generosa colaboração dos professores que responderam ao nosso questionário, em particular Ana María Toscano, Ângela Fernandes, António Apolinário Lourenço, Antonio Sáez Delgado, Carlos de Miguel Mora, Carlos Pazos Justo, Cristina Almeida Ribeiro, Eloísa Álvarez, Gabriel Magalhães, Inês Espada Vieira, Isilda Leitão, Maria Fernanda de Abreu, Maria Idalina Resina Rodrigues, Maria de Lurdes Correia Fernandes, Raquel Baltazar, Rogelio Ponce de León e Xaquín Núñez Sabarís. Procurámos informações relativas a instituições não referidas no nosso trabalho e contactámos os seus serviços, mas infrutiferamente.
Xaquín Núñez Sabarís e Carlos Pazos Justo publicaram em 2013 um artigo sobre a implantação dos estudos de espanhol no ensino universitário português, concentrando-se no ensino da língua e da literatura espanholas: «La enseñanza de la literatura en la docencia universitaria en Portugal: oferta educativa y selección de contenidos.» Aí concluem que o incremento da presença hispânica no ensino superior se relaciona intimamente com o aumento de alunos de espanhol no ensino básico e secundário. Os autores assinalam a ausência de uma tradição dos estudos espanhóis no ensino superior português. «Ello explica que su presencia en los segundos y tercer ciclos sea prácticamente testimonial y en los primeros ciclos se observe cierta heterogeneidad en todo a la oferta educativa de las diferentes universidades», assinalam (Núñez Sabarís, Xaquín e Pazos Justo, Carlos (2013): «La enseñanza de la literatura en la docencia universitaria en Portugal: oferta educativa y selección de contenidos» in Cancelas y Ouviña, Lucía Pilar (coord.). *Aportaciones para una educación lingüística y literaria en el siglo XXI.*

de 1974 como opção, tendo sido mais tarde suspensa. Só no século XXI foi recuperada na licenciatura em Línguas e Literaturas Modernas e no *maior* de Estudos Espanhóis, repartida em dois semestres. Há várias disciplinas de LHA oferecidas rotativamente, em geral duas por ano, embora várias nunca tenham funcionado: Origens da Literatura Hispano-Americana; Perspectivas da Literatura Hispano-Americana; Temas e Problemas da Cultura Hispano-Americana; Relações Interculturais: África, América Latina, Europa; Culturas Hispânicas; Literatura Hispano-Americana da Conquista às Independências; Literatura Hispano-Americana Moderna e Contemporânea; Literatura Hispano-Americana no Exílio; Realismo Mágico na Literatura Hispano-Americana; O Conto Hispano-Americano; Poesia Hispano-Americana; Teatro Hispano-Americano; e Ensaio Hispano-Americano.

Na Universidade de Coimbra a leccionação da disciplina iniciou-se no final dos anos 1970 e decorreu até ao início da década seguinte pela mão de Eloísa Álvarez. Voltou a abrir apenas em 2004–2005, com menos de dez alunos. Nos anos lectivos 2008–2009 e 2009–2010, um seminário do mestrado em Estudos Literários e Culturais centrou-se essencialmente na obra de Jorge Luis Borges, enquanto no ano 2013–2014 outro seminário inclui Gabriel García Márquez.

Na Universidade Nova de Lisboa, a primeira unidade curricular do primeiro ciclo com a designação Literatura Hispano-Americana é de 2002. Dois anos depois, é criado o *maior* de Línguas e Culturas Hispânicas e surgem duas opções: Literatura Hispano-Americana: poesia e teatro e Literatura Hispano-Americana: novela e outras formas narrativas. Em 2006–2007, com o Processo de Bolonha, é introduzida a variante de Estudos Espanhóis e a actual designação da disciplina: Literaturas Hispano-Americanas. O mestrado em Estudos Ibéricos e Ibero-Americanos foi criado em 2001–2002, tendo como coordenadora científica Maria Fernanda de Abreu. O seminário de Literaturas Ibero-Americanas (Literatura Comparada) contou com a docência de Maria Fernanda de Abreu,

---

Granada: Editorial GEU, cap. 58, pp. 1–11). Outros artigos interessantes tratam esta questão, entre eles os seguintes: PAZOS JUSTO, Carlos e SERRANO RODRÍGUEZ, Asunción (2012): «Los estudios españoles en el ámbito universitario portugués: una experiencia educativa de colaboración interdocente» in *Actas del IV Congreso La Enseñanza del Español en Portugal*. Ministerio de Educación, Cultura y Deporte de España; VIGÓN ARTOS, Secundino (2005): «La enseñanza del español en el sistema educativo portugués» in *Revista redELE*, n.º especial; e VIGÓN ARTOS, Secundino (2005): «Situación actual y perspectivas de futuro del E/LE en las universidades portuguesas», in *Actas del X Congreso Brasileño de Profesores de* Español.

Carmen Márquez, Coronada Pichardo e Juan José Amate. Estes especialistas espanhóis leccionaram aulas sobre o conto, a poesia e o teatro do subcontinente.

O Instituto de Estudos Ibéricos e Ibero-Americanos (IEIIA) da FCSH-UNL foi fundado em 1999 com o objectivo de aprofundar o estudo das literaturas, culturas e histórias da Península Ibérica e da América Latina e Caribe, bem como das suas relações e diálogos ao longo dos tempos. Nesse sentido, promoveu regularmente conferências, jornadas e seminários, dirigidos a um público universitário e geral, entre outras acções. Em Março de 2000, no Instituto Cervantes, realizou o seu seminário inaugural: «Portugal, Espanha e Ibero-América: projectos e realidades num mundo globalizado». O IEIIA fez parte do Master Estudios Contemporáneos de América Latina (Estado, Sociedad, Economía y Cultura), na sua modalidade virtual. O Master tinha como objectivo contribuir para a formação de universitários no conhecimento da realidade latino-americana, articulando cursos gerais com outros mais especializados e de carácter monográfico sobre a região. O projecto teve o apoio e financiamento do Programa Alfa da Comissão Europeia, da Agência Espanhola de Cooperação Internacional e Desenvolvimento e da Direcção-Geral de Universidades do Ministério da Ciência e Inovação de Espanha. Entre muitas outras actividades, destacamos a Jornada «Alejo Carpentier: *Todo futuro es fabuloso*» e a respectiva publicação de comunicações na revista *Vértice* (em 2010, com a colaboração do Instituto de Etnomusicologia-Centro de Estudos em Música e Dança da Universidade Nova de Lisboa, da Casa da América Latina e da *Vértice*), o projecto «A Europa na Literatura Latino-Americana» e a publicação do respectivo volume (entre 2009 e 2011, conjuntamente com a Casa da América Latina e o Centro de Estudos Comparatistas da Universidade de Lisboa), o Ciclo «Prémios Nobel da Literatura Latino-Americanos» (em 2011, numa parceria com a Casa da América Latina, o Centro de Estudos Comparatistas da Universidade de Lisboa e a Livraria Barata) e o Ciclo «Grandes Escritores Prémios Cervantes e Camões» (em 2012, em colaboração com a Casa da América Latina, o Centro de Estudos Comparatistas da Universidade de Lisboa e a Livraria Bulhosa). Em 2012, o IEIIA adoptou a denominação Núcleo de Estudos Ibéricos e Ibero-Americanos e acolheu o Colóquio Internacional Gabriel García Márquez: «La bendita manía de contar», organizado conjuntamente com o Centro de História da Cultura da Universidade Nova de Lisboa e que contou com meia centena de investigadores e professores de 15 países da Europa, América do Norte e América Latina e Caribe, entre os quais alguns dos maiores especialistas da biografia e obra do grande escritor colombiano.

Na Universidade do Algarve, a disciplina abriu apenas em 2005–2006, funcionando em dois semestres como Literatura Hispano-Americana I e Literatura

Hispano-Americana II, no âmbito da Cátedra de Estudos Ibero-Americanos (com financiamento externo). Anteriormente, existia uma disciplina de Cultura Hispano-Americana. Como indica Isilda Leitão, a disciplina era extracurricular e contou com 12 alunos nesse ano.

Na Universidade da Beira Interior, nas palavras de Gabriel Magalhães, «a presença dessa cadeira nos programas foi um mero episódio», tendo decorrido apenas no ano lectivo 2006–2007, no início da aplicação do chamado Processo de Bolonha. Contou apenas com três alunos e o programa incluía essencialmente autores do século XX: Gabriel García Márquez, Jorge Luis Borges, Julio Cortázar, Mario Vargas Llosa, Pablo Neruda e Octavio Paz.

Na Universidade de Évora, a partir do ano lectivo 2001–2002 o plano curricular da licenciatura Português/Espanhol incluía a disciplina de LHA como opcional. De acordo com Antonio Sáez Delgado, o programa abrangia «leituras "fundacionais" (*Popol Vuh*, por exemplo), ensaios de base (como de Ángel Rama) e literatura do século XX (a poesia de Rubén Darío, Jorge Luis Borges e César Vallejo), narrativa dos autores do *Boom* e alguns precedentes imediatos (Juan Rulfo, por exemplo)». Não obstante, a disciplina nunca funcionou, também devido à falta de pessoal no departamento. A situação na Universidade do Porto é semelhante. Com a abertura da licenciatura em Línguas, Literaturas e Culturas em 2007–2008, surgiu a cadeira de Literatura Hispano-Americana como opção, embora nunca tenha sido leccionado.

Por seu lado, na Universidade do Minho, as literaturas hispano-americanas foram integradas na unidade curricular Literatura e Cultura Espanhola 5 da licenciatura em Línguas e Literaturas Europeias, no ano lectivo 2007–2008, como disciplina obrigatória no *minor* de Espanhol. Esta tem funcionado anualmente desde então, com cerca de 30 alunos, parte deles a fazer a cadeira como opção. Como explica Carlos Pazos Justo, «o programa inclui conteúdos culturais amplos que têm como objectivo aproximar os alunos da realidade e especificidades das culturas hispano-americanas desde as culturas pré-colombinas até a actualidade», nomeadamente os processos políticos e pós-coloniais e a sua influência nas produções culturais, a unidade e diversidade do sistema literário e a sua relação com a identidade cultural do subcontinente e as novidades introduzidas pelas literaturas hispano-americanas. O programa inclui também conteúdos de tipo literário (modernismo, as vanguardas, a narrativa do século XX e a poesia na segunda metade do século XX).

Pelo menos até 2011 não foi leccionada nenhuma disciplina de LHA na Universidade de Aveiro nem na Universidade Técnica de Lisboa, embora por vezes fossem incluídas obras hispano-americanas nas cadeiras de Literatura Espanhola. Carlos de Miguel Mora, da Universidade de Aveiro, salienta como dificuldades a falta de professores e a escassez de tempo para explorar essa possibilidade, lembrando que «dois semestres para falar de toda a literatura espanhola é um período muito escasso».

Quanto às universidades privadas, destaca-se a Universidade Fernando Pessoa (Porto), com LHA desde 1993, seis anos depois reconvertido em Seminário de Literatura Hispano-Americana do Século XX, sendo obrigatória até 2007 e opcional desde então. Nos últimos anos, devido à crise económica, o número de alunos desceu drasticamente e as licenciaturas de filologia foram encerradas. Associada a esta instituição surgiu em 2000 o Núcleo de Estudos Latino-Americanos, fundado com o objectivo de difundir a cultura do outro lado do Atlântico em Portugal e dedicando-se ao ensino, actividades de divulgação e publicação, numa perspectiva pluridisciplinar. Assinale-se ainda a Revista de Estudos da Cultura Latino-Americana *Nuestra América*, dirigida por Ana María Toscano.

Conclui-se, portanto, que o ensino de LHA é muito recente e deficitário em Portugal, situação decorrente da posição periférica que o sistema ocupa no polissistema nacional.

III.V. O polissistema português e a sua dinâmica

Escreve Nuno Medeiros, em *Edição e editores portugueses. Prescrições, percursos e dinâmicas (décadas de 1940 a 1960)*, que:

> a consabida reduzida taxa de população alfabetizada e, dentro desta, a pouquíssimo significativa fatia de pessoas cultivadas no consumo leitoral do impresso (não obstante os sucessos de livraria ocasionalmente registados), potencia o efeito reverberativo da desigualdade social no contacto com o livro, como forma de expressão cultural e de acesso ao saber [...]. (Medeiros 2007: 279–280)

De facto, o analfabetismo e o baixo nível cultural em Portugal contribuem para explicar o reduzido número de traduções de textos hispano-americanos no século xx (e não só). Dos poucos leitores existentes nos anos 1960, uma parte ainda menor se interessaria por obras produzidas do outro lado do Atlântico, sabendo nós que, além disso, esses países eram vistos (serão ainda?) como uma espécie de sucedâneo longínquo, folclórico e exótico de Espanha. O desinteresse e os preconceitos que conhecemos eram já uma realidade. A tal devemos juntar o sistema censório da ditadura portuguesa. Em Abril de 1967, a rubrica «Ora, diga-nos...» do *Diário de Lisboa* apresentou duas perguntas que reflectem este panorama: «Qual o género de literatura que mais aprecia?» e «Dispõe de tempo para se cultivar?». Transcrevemos a primeira resposta à primeira pergunta, de um estudante de 17 anos:

Géneros? Ah, bem – não sei exactamente o que isso é. [...]

— Gosto principalmente de aventuras... Enid Blatton [*sic*], por exemplo. E também de autores portugueses, em especial Júlio Dinis.
— Mais algum?
— Agora não me recordo...
— Autores contemporâneos, conhece?
— Não.
— Lê poesia e livros policiais?
— Pouco. Os livros policiais nem os consigo compreender. (1967: 3)

Passemos aos três entrevistados da segunda pergunta. Responde o primeiro, estudante:

— Disponho de algum tempo.
— Como se cultiva?
— Lendo.
— O quê?
— Bem... Ora deixe-me lá ver...
— Diga sem receio.
— Leio livros de «cow-boys» e foto-novelas.
— Só isso?
— Só.
— E jornais?
— Uma passagem pelos títulos. (1967: 3)

O segundo entrevistado, também estudante, conta que vai ao cinema e lê: «Gosto de filmes e livros de aventuras. Leio os jornais antes de adormecer.» (1967: 3) O terceiro, cutileiro de profissão, lê romances policiais e «histórias aos quadradinhos» e vai ao cinema, acrescentando ainda: «Converso com os meus amigos e lá vou aprendendo alguma coisa.» (1967: 3)

Esta amostra reflecte o baixo nível cultural dos portugueses, registando-se um interessante apontamento relacionado com a aprendizagem fora do meio escolar que se verifica em particular nos meios operários, representados nesta amostra por um cutileiro. Uma reportagem sobre editoras e hábitos de leitura em Portugal e no mundo, publicada na *Vida Mundial* em 1973, indicava que, de acordo com o Instituto Nacional de Estatística, três anos antes existiam 1079 editoras e livreiros em Portugal, dos quais 587 em Lisboa e 125 no Porto. Lamentando a falta de dados sobre a produção e a venda de livros, a revista lembrava que muitos compradores não são na verdade leitores («terá de contar-se com aqueles que "tapam metros de paredes com metros de lombadas"» (1973: 13)), acrescentando que «em Portugal se lê muito pouco»: «Problema complexo que põe em jogo diversos factores (poder de compra, falta de hábito, índices de analfabetismo, estilo de vida, livros caros, organização social, etc.), terá de ser considerado prioritário.» (1973: 13)

Este panorama melhorou após 1974, com os projectos de alfabetização e a crescente democratização da cultura, mas não de forma radical. A já referida sondagem sobre hábitos de leitura publicada pela *Ler* em 1993 revelava que 73,8 por cento dos inquiridos não tinham lido nenhum livro nos 12 meses anteriores. A própria compreensão das perguntas é limitada: pedindo-se que identificassem autores contemporâneos, muitas pessoas apresentaram os nomes de Eça de Queirós, Camilo Castelo Branco, Luís de Camões, Almeida Garrett, Júlio Dinis, Alexandre Herculano, Gil Vicente e Bernardim Ribeiro. Outras identificaram como autores literários o cineasta Manoel de Oliveira, o actor Nicolau Breyner, o apresentador de televisão Carlos Cruz ou o jornalista José Alberto Carvalho. Entre os livros estrangeiros mais lidos, encontram-se *Os filhos da Droga*, de Christianne F., *O Perfume*, de Patrick Süskind, *A Casa dos Espíritos* e *Eva Luna*, de Isabel Allende, *Papillon*, de Henri Charrière, *O Silêncio dos Inocentes*, de Robert Harris, *O Pêndulo de Foucault*, de Umberto Eco, *O Velho e o Mar*, de Ernest Hemingway, *O Príncipe das Marés*, de Pat Conroy, *As Brumas de Avalon*, de Marion Zimmer Bradley, *Exodus*, de Leon Uris, *O Diário Secreto de Laura Palmer* (a partir da série televisiva realizada por David Lynch), *Fernão Capelo Gaivota*, de Richard Bach, e *Os Capitães da Areia*, de Jorge Amado. Trata-se, pois, de uma lista heterogénea, composta por autores de vários estilos, origens e épocas, embora todos do século XX. Apenas Isabel Allende consta com dois títulos, reforçando as nossas anteriores conclusões sobre a sua popularidade em Portugal.

Quanto às preferências de intelectuais e figuras públicas em inquéritos do tipo «Os livros da minha vida», temos listas com autores de todas as épocas, mas poucos são os escritores hispano-americanos que as integram. As grandes excepções são mais uma vez García Márquez e Borges. Vejamos as obras apontadas na rubrica «Livros escolhidos», publicada ao longo de sete números da *Ler*, entre 1993 e 1995, e «Os livros de uma vida», editado pelo *Jornal de Letras* em Março de 1997. Num total de 38 entrevistados, foram citadas 13 vezes obras de García Márquez (com predomínio de *Cem Anos de Solidão*), três de Borges e Allende e duas de Juan Rulfo. Foram referidos uma vez José Donoso, Ernesto Sabato, Julio Cortázar, Octavio Paz, Mario Vargas Llosa e Bartolomé de Las Casas. Repare-se que Cortázar e Rulfo surgem já neste grupo, antes da sua grande divulgação junto do público feita no início do século XXI, o que constitui mais uma prova de que os meios intelectuais nacionais conhecem autores hispano-americanos independentemente da publicação de traduções. É curiosa a referência solitária a Vargas Llosa, também anterior à popularidade verificada nos anos seguintes.

Relacionadas com estes dados estão as listas de livros mais vendidos em livrarias nacionais. Os quadros consultados – publicados pela *Vida Mundial*, *Expresso* e *Jornal de Letras*, sempre no mês de Abril dos anos ímpares – reflectem a tendência verificada no levantamento de autores abordados nas publicações citadas: no centro do polissistema português encontra-se a literatura portuguesa, ocupando também posições preponderantes as literaturas norte-americana, francesa e britânica, ao passo que as literaturas hispano-americanas são periféricas. A presença de autores do subcontinente (exceptuando os brasileiros) nos *tops* de vendas remonta a meados dos anos 1990, destacando-se Sepúlveda, García Márquez e Allende. As listagens referentes aos novos lançamentos revelam um pouco mais de abertura, em particular no *Jornal de Letras* e na *Ler*, com um maior número de nomes hispano-americanos. Contudo, como é evidente, estas referências não se podem afastar das escolhas editoriais.

Chegámos finalmente aos artigos jornalísticos (notícias, entrevistas e reportagens). A sua análise permite-nos confirmar que a literatura portuguesa ocupa uma posição central dentro do polissistema português e um predomínio das literaturas dos Estados Unidos e da Grã-Bretanha e, associadas a estas, alguns autores anglófonos (irlandeses, canadianos, australianos e sul-africanos) que fazem sucesso naqueles dois países. O facto de encontrarmos muitos escritores de novelas policiais está associado à centralidade da literatura dos EUA, pois este género de narrativa tem muito mais importância na América do Norte do que na Europa. Também os entrevistados da rubrica «Ora, diga-nos…» do *Diário de Lisboa* citam a leitura de policiais, mostrando que este é um hábito que vem de trás. O Brasil ocupa um lugar mais ou menos constante, numa situação muito particular: são publicados *tops* brasileiros de vendas e alguma imprensa inclui secções próprias sobre o universo editorial daquele país, assinadas, em geral, por correspondentes locais, e não por jornalistas brasileiros. Depois do 25 de Abril, começam a surgir também artigos sobre literaturas africanas de expressão portuguesa. No caso de países como a Bélgica, Itália ou Áustria, as suas literaturas estão representadas quase exclusivamente por dois ou três nomes (Marguerite Yourcenar e George Simenon no primeiro caso, António Tabucchi e Umberto Eco no segundo, e Thomas Bernhard e Peter Handke no terceiro). Do conjunto das literaturas hispano-americanas, verifica-se um maior número de referências a autores argentinos, chilenos, colombianos, cubanos e mexicanos, e com menos frequência a peruanos e uruguaios. À semelhança do que acontece com os citados escritores belgas, italianos e austríacos, os casos de García Márquez e Borges (em relação aos sistemas das literaturas colombiana e argentina e hispano-americano em geral dentro do polissistema português) ilustram a estratificação interna da literatura traduzida, salientada por Even-Zohar. Por outras palavras, há autores mais centrais do que outros, deslocando-se do seu sistema nacional. Esta ideia, aliás, tem vindo a ser demonstrada ao longo do nosso trabalho. Convém, contudo, salientar que para a maioria da população não é relevante a nacionalidade específica de um autor de língua espanhola, confundindo facilmente os países hispano-americanos.

Mas, sendo o polissistema dinâmico, que modificações se verificam ao longo das últimas décadas? Isabel Allegro de Magalhães aponta como traços gerais da literatura portuguesa dos anos 1960 a prática de experimentalismos e a paralela continuidade com a escrita de anteriores décadas (neo-realismo, surrealismo, existencialismo), sublinhando, contudo, que a maioria dos romances mistura vários elementos diferentes. Um aspecto importante neste contexto é o impacto da literatura e teoria literária provenientes de França, em particular o *nouveau-roman* e os estruturalismos. «Mas isso não impede que haja uma verdadeira originalidade em muitas destas obras [portuguesas], assim como, em vários casos, uma notável qualidade literária» (Lopes e Marinho 2002: 374), salienta. Allegro de Magalhães defende que a década de 1960 é marcada por uma crise política, humanista e cultural, por isso, nas artes e na literatura, «é menos possível identificar "gerações", "correntes" ou "movimentos" de qualquer tipo, porque a criação é claramente individual, sem filiações, agrupamentos ou afinidades escolhidas» (Lopes e Marinho 2002: 367). Existe, pois, uma grande variedade e elementos inovadores na estrutura romanesca, nas temáticas e na linguagem, verificando-se:

> novas modalidades de narrativa que, se por um lado têm afinidades com correntes existentes noutras literaturas do tempo (a francesa, a norte e a latino-americanas, entre outras), por outro lado manifestam uma identidade portuguesa: uma maneira própria de sentir, de intervir e de estar no mundo e na literatura. (Lopes e Marinho 2002: 368)

Óscar Lopes, por seu lado, defende que a poesia experimental portuguesa dos anos 1950 e 1960 e principalmente a teoria e a crítica foram marcadas pelas concepções de Max Bense, Stéphane Mallarmé, Ezra Pound, William Empson e Umberto Eco, ao passo que, a ficção sofreu o peso do existencialismo, em particular de Sarte e Camus. Óscar Lopes indica um conjunto de temas dominantes:

> o senso de abandono, ou derrelicção, do Homem, expresso em termos (pelo menos imediatamente) pessimistas, senão niilistas; a importância de certas experiências-limite (náusea radical, angústia, alarme da morte pessoal, do nada como alternativa permanente para o ser que se é), na afirmação da primazia da existência sobre a essência (humana ou natural); a inerência ao Homem da capacidade imotivada de decisão (moral ou ontológica), de liberdade, de responsabilidade, ou seja, de sempre potencial transcendência ao ser, mesmo quando a consciência finge (em «má consciência») escapar a essa liberdade. (Saraiva e Lopes 1996: 1093–1094)

Carlos Reis considera que, «em geral, a poesia experimental está associada a um labor quase constante de produção doutrinária [...], a par do legado da poesia de Apollinaire, Mário de Sá-Carneiro, E. E. Cummings e Ezra Pound, bem como do conhecimento dos trabalhos de Augusto de Campos, Décio Pignatari e Haroldo de Campos» (Reis 2005: 89). A propósito do surrealismo em França e em Portugal, Reis refere «o desfasamento cronológico existente no que toca à implantação do movimento nos dois países, desfasamento que é uma nota de registo dominante nos estudiosos do nosso surrealismo» (Reis 2005: 136–137). Comprova-se a preponderância da literatura portuguesa, mas também das literaturas norte-americana e francesa, apesar do isolamento imposto pela ditadura «que tornava difíceis os contactos com outras experiências culturais e artísticas» (Lopes e Marinho 2002: 323), a que Silvina Rodrigues Lopes alude.

Na década seguinte, mantém-se a centralidade da França e dos EUA, começando a Grã-Bretanha a aproximar-se do centro. Escrevendo sobre a literatura portuguesa, Cristina Robalo Cordeiro aponta dois períodos: um inicial, de prosseguimento dos traços tradicionais e ligados ao neo-realismo; e outro, mais maduro, marcado por «uma nova digestão da concepção estética neo-realista e a definitiva assimilação da problemática existencialista e das experiências e artifícios do *nouveau-roman* francês» (Lopes e Marinho 2002: 444). Nesta segunda fase pontua a recuperação da História – em particular da História recente, através da Guerra Colonial e do 25 de Abril de 1974 –, a «excepcionalidade fabular» (Lopes e Marinho 2002: 445) de implicação fantástica e a literatura policial. Carlos Reis salienta que «a recepção do *novo romance* constitui [...] um evento certamente importante» (Reis 2005: 245) e Óscar Lopes defende que, imediatamente após a Revolução, parte dos escritores estavam «absorvidos por tarefas de carácter jornalístico, pedagógico, administrativo ou partidário, enquanto que o público se precipitava, de preferência, sobre textos informativos ou doutrinários» (Saraiva e Lopes 1996: 1096). Mais tarde, verifica-se a continuidade de duas tendências que vêm dos anos 1950 e 1960: emancipação feminina e transformações da ficção narrativa.

Carlos Reis sustenta ainda que «a Revolução do 25 de Abril vem criar condições de produção literária substancialmente distintas das que até então vigoravam» (Reis 2005: 235), acrescentando que 1974:

> sempre teria que ser um marco (termo de chegada, neste caso) a não ignorar. Com efeito, se pensarmos apenas no facto de nesse ano terem sido anulados mecanismos censórios e de restrições da liberdade de expressão do pensamento que durante décadas e com variada impositividade tinham vigorado em Portugal, entender-se-á por que razão esse foi um ano decisivo. O que significa que o que até então se escrevia e publicava

> estava necessariamente afectado por interdições que impediam, limitavam ou constangiam a circulação dos discursos literários. (Reis 2005: 235)

Reis considera que:

> depois do Neo-Realismo [...] e do tardio Surrealismo [...] não é possível apoiar a apreciação da Literatura Portuguesa num cenário periodológico definido e unanimemente reconhecido como tal. O que não impede que estabeleçamos o início dos anos 50 como ponto de partida da narrativa contemporânea, que entendemos elaborada já num tempo literário de desgaste do Neo-Realismo, exactamente até que, no ano de 1974, uma profunda transformação política veio alterar substancialmente as condições em que se processava a produção literária. (Reis 2005: 235)

Especificamente em relação às literaturas hispano-americanas, 1971 parece ser um ano determinante, com a publicação de *Cem Anos de Solidão*, de Gabriel García Márquez; *O Século das Luzes*, *O Reino deste Mundo* e *Literatura e Consciência Política na América Latina*, de Alejo Carpentier; *Aura*, de Carlos Fuentes; *O Mundo Alucinante*, de Reinaldo Arenas; e a antologia *Narrativa Cubana da Revolução*. Haviam passado doze anos após a Revolução Cubana. Trata-se de mais um indício da importância deste acontecimento no polissistema português.

A década de 1980 é marcada por uma abertura a outras literaturas, como a espanhola, russa/soviética, italiana, polaca, japonesa, angolana, cabo-verdiana, moçambicana, belga e hispano-americana, entre outras. A britânica, por seu lado, ganha um maior relevo. Nos anos 1990, a literatura francesa torna-se menos central, enquanto se verifica o movimento oposto das hispano-americanas. A posição da Grã-Bretanha consolida-se. Finalmente, os primeiros anos do segundo milénio revelam uma maior centralidade da literatura britânica, a acentuação do movimento centrífugo da francesa e uma semiperiferização das literaturas hispano-americanas. Ilustrando esta última, podemos constatar que o número de Abril de 2009 da *Ler* incluía anúncios na contracapa a *Volta ao Dia em 80 Mundos* e *O Jogo do Mundo (Rayuela)*, de Julio Cortázar. O segundo é apresentado da seguinte forma: «Um dos 5 Livros do Ano para a *Visão* e *Time Out*. Livro do Ano da revista *Ler*, *Expresso*, *Sol* e *Público*. Sugestão "prenda especial" do *Expresso* e de Natal do Fórum Vale do Sousa. Pedro Mexia no blogue "Estado Civil": um dos melhores livros traduzidos de 2008.» (2009) O mesmo número inclui publicidade a *Evocação. A Minha Vida com Che*, de Aleida March, e a *A Pátria dos Loucos*, de Bernardo Rodo, assim descrito: «Uma saga familiar na linha da melhor tradição literária sul-americana, inspirada numa portugalidade de costumes, do antigo regime à actualidade. Uma promissora estreia literária, de um jovem autor português.» (2009: 5) Um último dado: a revista oferecia então *O Jogo do Mundo (Rayuela)*, de Julio Cortázar, aos novos assinantes.

Em termos gráficos, a descrição anterior traduz-se da seguinte forma:

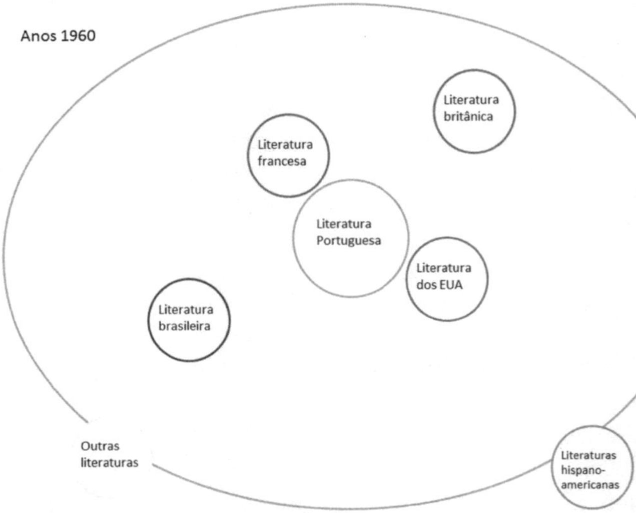

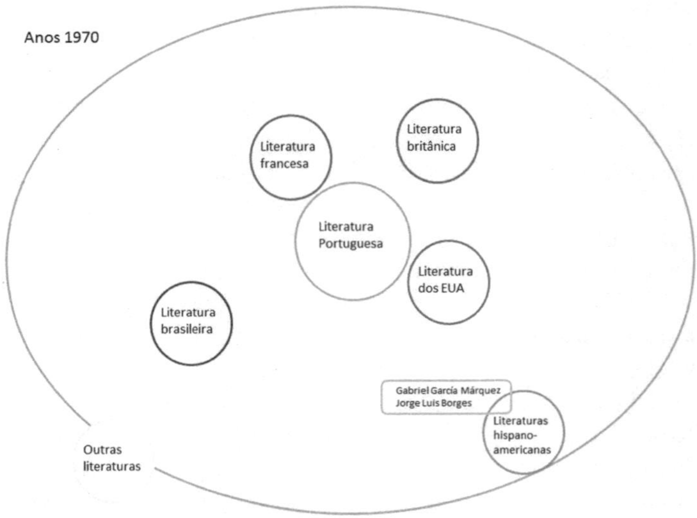

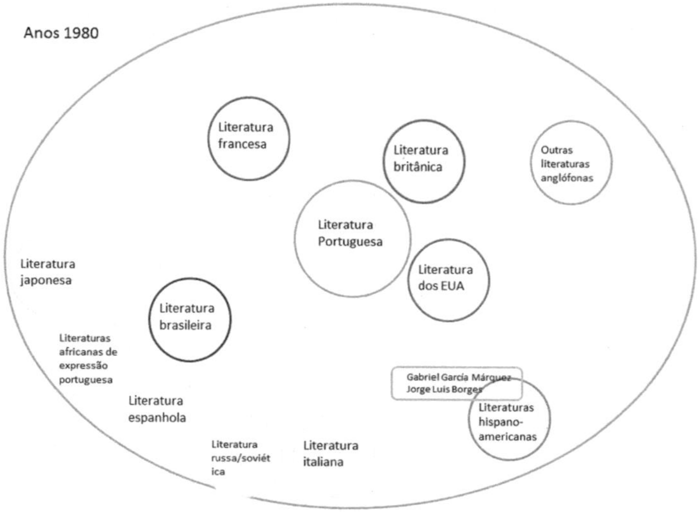
Anos 1980
Literatura francesa
Literatura britânica
Outras literaturas anglófonas
Literatura Portuguesa
Literatura japonesa
Literatura dos EUA
Literatura brasileira
Literaturas africanas de expressão portuguesa
Gabriel García Márquez
Jorge Luis Borges
Literatura espanhola
Literaturas hispano-americanas
Literatura russa/soviética
Literatura italiana

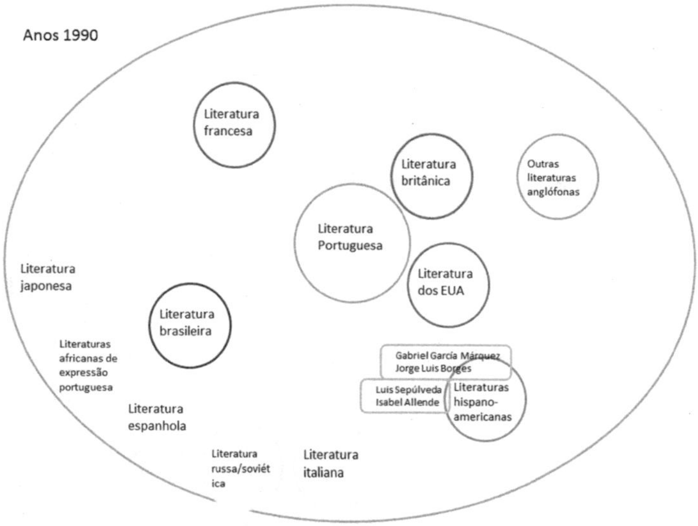
Anos 1990
Literatura francesa
Literatura britânica
Outras literaturas anglófonas
Literatura Portuguesa
Literatura japonesa
Literatura dos EUA
Literatura brasileira
Literaturas africanas de expressão portuguesa
Gabriel García Márquez
Jorge Luis Borges
Luis Sepúlveda
Isabel Allende
Literaturas hispano-americanas
Literatura espanhola
Literatura russa/soviética
Literatura italiana

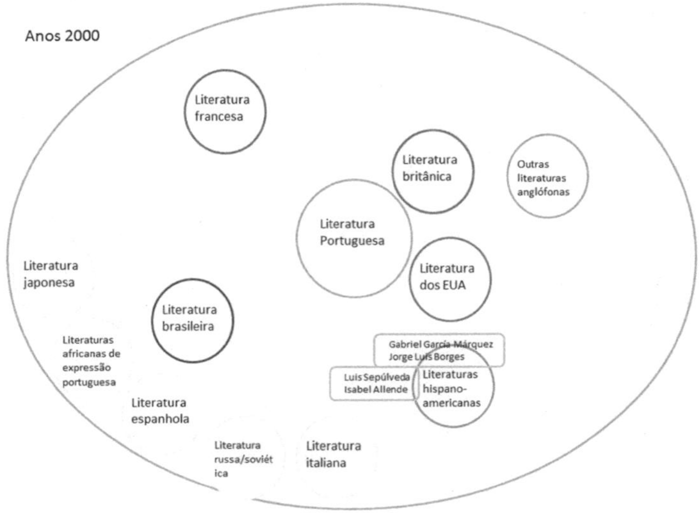

Podemos, portanto, concluir que as transformações políticas na América Latina (revoluções e ditaduras, em particular Cuba e Chile) levaram a um maior interesse do público português pelo subcontinente do ponto de vista político, social e cultural, ganhando as suas literaturas maior relevo. Neste âmbito, alguns autores destacam-se claramente: numa primeira fase, Gabriel García Márquez e Jorge Luis Borges, juntando-se-lhes depois Luis Sepúlveda e Isabel Allende. Esta abertura às literaturas hispano-americanas – nomeadamente ao chamado realismo mágico – impulsionou uma redescoberta das origens do realismo mágico português na história e nas letras nacionais e a sua reformulação num novo e renovado realismo mágico português por parte de alguns escritores portugueses, como José Saramago, Lídia Jorge, João de Melo e Hélia Correia.

*

Em Maio de 2008, a *Ler* publicou um artigo sobre «Os 50 autores mais influentes do século XX e o que aprendemos ou devíamos ter aprendido com eles». Deste conjunto, quatro provêm da América Hispânica: o colombiano Gabriel García Márquez («O que nos ensinou: uma concepção de literatura enquanto lugar onde todos os prodígios são possíveis.» (Silva 2008: 49)), o argentino Jorge Luis Borges («O que nos ensinou: uma biblioteca pode ser um lugar mais aventuroso do que a selva amazónica.» (Silva 2008: 53)), o chileno Pablo Neruda («O que nos ensinou: a fazer odes às coisas comuns (mesa, cadeira, pão, sabonete, um par de peúgas, etc.)» (Silva 2008: 54) e o mexicano Juan Rulfo («O que nos ensinou: as melhores obras completas não se medem pelo número de páginas.» (Silva 2008: 58)). Os restantes são franceses (11), britânicos (dez), norte-americanos (oito), alemães (três), italianos (três), austríacos (dois), irlandeses (dois), britânicos-austríacos (dois), austro-húngaros (dois), além de um russo, um alemão-suíço e um português (Fernando Pessoa). Integrando J. K. Rowling (a autora do *best seller* juvenil *Harry Potter*), o astrónomo Carl Sagan, o psicanalista Sigmund Freud e a «ultra-*light* e rosa *shock*» (Silva 2008: 58) Barbara Cartland, esta lista perpetua um cânone ocidentalizado e estereotipado, que ignora as literaturas marginais dentro do polissistema mundial, incluindo as hispano-americanas – e, nessa medida, pode ser vista como paradigmática do polissistema português. Trata-se, de certa forma, da perpetuação de uma perspectiva colonial ou neocolonial, fortemente relacionada com a «fixidez» que Homi Bhaba dizia constituir uma das características do discurso colonial na construção ideológica da alteridade:

> A fixidez [...] conota rigidez e uma ordem imutável, bem como desordem, degeneração e repetição compulsiva. Do mesmo modo, o estereótipo, que é a sua principal estratégia discursiva, é um modo de conhecimento e de identificação que vacila entre aquilo que está sempre «no seu lugar», aquilo que já é conhecido e algo que tem de ser ansiosamente repetido. (Bhaba 2005: 143)

Edward W. Said, por seu lado, salientava o acesso ou o impedimento do acesso a outras literaturas (aqui, com a conotação «nacional», temática ou outra) como estratégias fundamentais na construção do imperialismo, que parecem estar reflectidas no artigo da *Ler* e nas concepções que lhe subjazem: «The power to narrate, or to block other narratives from forming and emerging, is very important to culture and imperialism, and constitutes one of the main connections between then.» (Said 2007: XVIII)

Said diz-nos também que «culture [...] is a source of identity, and a rather combative one at that, as we see in recent "returns" to culture and tradition» (Said 2007: XIII-XVI). É o caso do regresso da literatura portuguesa ao realismo mágico. Mas não só, pois «partly because of empire, all cultures are involved in one another; none is single and puré, all are hybrid, heterogeneous, extraordinarily differentiated, and unmonolithic» (Said 2007: XXIX). Verificámos isso mesmo ao longo deste capítulo, estudando as variações do polissistema português e as suas relações com outras literaturas.

Conclusão

Ao longo deste trabalho analisámos a tradução e edição de obras hispano-americanas em Portugal, em particular obras literárias. Verificámos que, embora existam muitas editoras com textos do subcontinente, o número de títulos é muito reduzido tendo em conta os catálogos em geral. Ao mesmo tempo, as editoras insistem na edição de autores e obras consagradas. Grande parte dos editados ou receberam prémios, ou são já bastante populares em Portugal ou tiveram êxito noutros mercados, numa lógica de bestesellerização.

No século XXI, há uma alteração em particular através de opções de novas casas editoriais ou de menor dimensão, no que parece ser uma tentativa de aproximação do "cânone" hispano-americano. É nesse período que são publicados pela primeira vez, por exemplo, os uruguaios Horacio Quiroga (primeira edição em 2003 pela Cavalo de Ferro) e Mario Benedetti (em 2007 pela mesma editora).

Vimos também a ligação da edição com os diferentes momentos políticos vividos, seguindo as concepções de Iuri Tinianov e a ideia de que o sistema de série literária se relaciona com séries não literárias e se integra na «vida social» pela palavra e pela representação simbólica de personagens e das suas acções.

Exemplo disso é a tradução de obras hispano-americanas em Portugal seguindo critérios relacionados com o domínio político de cada época e a mensagem política que se pretende passar para o público: nos anos 1970 e 1980, verifica-se o predomínio de títulos relacionados com as revoluções de esquerda em Cuba e no Chile, inclusive de autores fora do «cânone» literário, como Isabel Allende e Luis Sepúlveda, ambos de certa forma ligados ao governo de Salvador Allende e à resistência à ditadura de Augusto Pinochet. A partir dos anos 1990, dá-se uma mudança neste paradigma com a edição de livros de escritores que assumem posições contra o regime cubano.

Trata-se, em certa medida, da função autónoma de que Tinianov falava, ligada por seu lado a outra questão por ele abordada, a da evolução. «Cada corrente literária procura, durante um certo tempo, pontos de apoio nos sistemas precedentes» (Tinianov 1999: 142), escreveu. Neste caso, não se trata de correntes literárias, mas estes «movimentos» procuram assentar em princípios semelhantes: o direito à liberdade, não apenas na América Latina, mas também em Portugal. Isto pode, todavia, ser questionável, pois, em particular no que diz respeito a Cuba, o que os detractores classificam como medidas autoritárias, outros consideram que, em muitos casos, se trata de críticas sem fundamento ou não suficientemente contextualizadas e, portanto, mal interpretadas. Tinianov considera que os textos literários transferidos de um sistema nacional para outro adquirem uma função diferente. No âmbito do nosso estudo, podemos verificar tal fenómeno na publicação de obras cubanas que antes e imediatamente depois do 25 de Abril funcionaram como impulsionadoras do movimento revolucionário português (e internacional) e que, nas últimas décadas, visam, pelo contrário, apoiar objectivos de afirmação da direita também em Portugal. Porque, como insiste Iuri Lotman, uma das propriedades mais profundas de um texto artístico é precisamente a capacidade de se integrar em diferentes estruturas contextuais e assumir diversas significações. Esta situação explica-se também pelos processos de «canonização» de repertórios operados pelos grupos que dominam o polissistema, seguindo a terminologia de Itamar Even-Zohar: no contexto português, quando o poder se concentra na esquerda, são publicadas obras afins aos seus ideários e projectos; quando o domínio passa para a direita, o tipo de livros editados assume objectivos opostos. Como afirma Even-Zohar, a literatura canonizada (apoiada por elites conservadoras ou inovadoras) é coagida pelos padrões culturais que regulam o comportamento das elites inovadoras, neste caso fortemente ligadas a posições políticas.

Na concepção de Itamar Even-Zohar, o polissistema evolui na sequência da luta entre opções primárias e secundárias e entre camadas altas e baixas. Tal dá-se no polissistema português com a passagem das literaturas hispano-americanas da periferia para uma posição mais próxima do centro, em particular na primeira década do século XXI através da tradução e publicação de obras do subcontinente por pequenas editoras, não sendo este um fenómeno isolado ou vanguardista, como vimos nos Capítulos II e III, destacando-se o importante papel da Teorema e outros numa fase anterior.

Vejamos o esquema produtor/consumidor, complementado por instituição, repertório, mercado e produto, procurando esboçar uma visão geral do assunto em estudo. Reconhecemos dois cenários diferentes e complementares. No primeiro, o produtor corresponde a escritores hispano-americanos, sendo o consumidor o público português, incluindo escritores. O produto são obras hispano-americanas, em parte marcadas pelo realismo mágico e pelo fantástico, traduzidas mas também originais (estas últimas acessíveis a um número pequeno, por falta de conhecimentos e competência linguística). O mercado português é caracterizado pela existência de poucas obras hispano-americanas (em particular das «canónicas») e publicações com décadas de intervalo em relação às datas das edições dos originais; por uma baixa qualidade da maioria das traduções (facto relacionado também com a forma como o espanhol é encarado em Portugal); por poucos conhecimentos sociais e culturais sobre a América Latina (com excepção de García Márquez e Borges, sempre recorrentes, como já ficou claro), o que não contribui para aumentar o interesse do público; por um poder de compra reduzido; e por uma deficiente divulgação institucional e dos *media*. Neste primeiro cenário, o repertório consiste na cultura hispano-americana, que, por sua vez, resulta de processos transculturais de culturas europeias, índias, africanas e crioulas e que simultaneamente funciona como algo exótico e de fácil identificação para o leitor português. Quanto à instituição, temos as editoras portuguesas que publicam obras hispano-americanas, aproveitando as flutuações do mercado e, em parte, cumprindo uma agenda política. Reconhecem-se dois objectivos, na generalidade dos casos: por um lado, vender, daí recorrerem a títulos e autores o mais vendáveis possível e pouco arriscados do ponto de vista comercial, e livros que ganharam prémios ou autores já muito populares; por outro lado, atingir os objectivos políticos, por nós referidos diversas vezes. Para substituir um repertório não é necessário a mudança de repertório dentro de um grupo social, mas alterar as posições dentro da sociedade. Outra instituição é o Ministério da Educação, agindo nomeadamente através do Plano Nacional de Leitura e aí repetindo as escolhas das editoras e perpetuando os seus critérios (não tendo em conta necessariamente a qualidade das obras em si). Devemos ainda aludir às universidades portuguesas (disciplinas sobre literaturas e culturas hispano-americanas e actividades dirigidas a públicos académicos e não académicos) a editoras hispânicas (não podemos esquecer que os escritores portugueses lêem também as versões originais), festivais literários (em particular, o «Correntes d'Escrita») e instituições de divulgação cultural (com destaque para o Instituto Cervantes e a Casa da América Latina).

O segundo cenário tem como produtores escritores portugueses leitores de hispano-americanos e como consumidor o público português (e, em alguns casos, internacional) que partilha o repertório cultural dos escritores, podendo individualmente identificar-se mais ou menos com uns ou outros aspectos (cultura e expressões populares, campo/cidade, literatura mais intelectualizada ou mais popular) e que provavelmente conhecerá os autores hispano-americanos mais populares em Portugal. No que diz respeito ao produto, temos textos literários, por um lado, ligados ao realismo mágico e, por outro, com profundas marcas de intertextualidade com autores hispano-americanos não ligados a esta categoria, como Borges e Cortázar. O mercado é constituído pelas mesmas editoras, mas com a literatura portuguesa a ocupar um lugar central no polissistema português ao longo das décadas. O repertório corresponde à cultura portuguesa (rural e urbana), resultado da maturação de séculos e com elementos de diferentes tradições culturais e que partilha traços comuns com certas culturas hispano-americanas, nomeadamente aquelas mais divulgadas em Portugal (expressão do realismo mágico), o que, portanto, permite que os mercados do primeiro e do segundo cenário possam coincidir. Finalmente, o lugar da instituição é ocupado pelas editoras portuguesas, os meios de comunicação social, o Ministério da Educação, os prémios literários, mas também instituições internacionais, como a Academia Sueca das Letras, com a atribuição do Prémio Nobel a José Saramago e a referência frequente a António Lobo Antunes como candidato, tendo em conta que o reconhecimento internacional aumenta o interesse do mercado português sobre os próprios escritores portugueses.

Assim concluímos este nosso percurso pela produção literária, tradutória e editorial, alcançando uma melhor compreensão deste complexo panorama português e hispano-americano.

Referências bibliográficas

Aira, César (2005): *Como me tornei monja*. Lisboa: Assírio & Alvim.

Almeida, Nuno Ramos (Primavera de 2001): «Jorge Silva Melo. O gesto inacabado» in *Ler*, n.º 50, p. 6.

Ambrozio, Leonilda (Março de 1987): «A unidade diversa. Ensaios sobre a nova literatura hispano-americana» in *Colóquio/Letras*, n.º 96, p. 138.

«América do Sul em foco». *Vida Mundial*. 21 de Março de 1969a. 48.

«América Latina». *Vida Mundial*. 31 de Janeiro de 1969b. 53.

Arenas, Reinaldo (2001): *Antes que Anoiteça*. Porto: Asa.

«As cartas de amor de Francisco Gomes dão-nos a conhecer Benedetti em "O Estranho Caso do Bigode Irónico"» *Casa da América Latina*. Web. 8 Junho 2019 <http://casamericalatina.pt/2017/05/25/as-cartas-de-amor-de-francisco-gomes-dao-nos-a-conhecer-benedetti-em-o-estranho-caso-do-bigode-ironico>

Asturias, Miguel Ángel (1980): *Homens de Milho*. Lisboa: Edições 70.

Aavv (1974): *Editores portugueses na III Bienal Internacional do Livro de São Paulo – 15 a 23/Junho/1974*. Lisboa: Império.

Belard, Francisco (Março de 2009): «Falsos amigos» in *Ler*, n.º 78, p. 87.

Bellini, Giuseppe (1997): *Nueva historia de la literatura hispanoamericana*. Madrid: Castalia.

Borges, Margarida Macias (2009): *A recepção do* Boom *literário latino-americano pela imprensa literária e pelo meio editorial portugueses (finais dos anos 60-finais dos anos 80)* (dissertação de mestrado em Estudos do Texto defendida na Universidade Nova de Lisboa).

Bhabha, Homi K. (2005): «A questão outra. Estereótipo, discriminação e o discurso do colonialismo» in Sanches, Manuela Ribeiro, *Deslocalizar a Europa. Antropologia. Arte, Literatura e História na Pós-Colonialidade*. Lisboa: Livros Cotovia.

Brown, Monica (2008): *O Meu Nome É Gabito: a vida de Gabriel García Márquez*. Alfragide: Dom Quixote.

C., A. (17 de Novembro de 1967): «O diálogo das culturas» in *Vida Mundial*, n.º 1484, p. 61.

Cabrera Infante, Guillermo (2010): *A Ninfa Inconstante*. Lisboa: Bertrand.

«Carlos da Veiga Ferreira. "A Teorema morreu"». *Ler*. Julho-Agosto de 2011. 18.

Cartaz, Expresso. 7 de Abril de 2001. 55.

CIDADE, Hernâni e COELHO, Jacinto do Prado (Março de 1971): «Duas palavras de apresentação». *Colóquio/Letras*, n.º 1, p. 5.

COLOANE, Francisco (2005): *Naufrágios*. Lisboa: Cavalo de Ferro.

«Confesso que vivi (Memórias)». *Vida Mundial*. 5 de Junho de 1975. 6.

«Cortázar, o "Axoloti"». *Vida Mundial*. 1 de Maio de 1970. 61.

CORVACHO, Nuno (Outubro de 2008): «O poeta que continua à espera de ser atingido pelo "remorso" de Borges» in *Ler*, n.º 73, p. 89.

Diccionario de la Lengua Española in http://buscon.rae.es

Dicionário Priberam da Língua Portuguesa in www.priberam.pt

DIL, Fernando (29 de Maio de 1970a): «Escritores mexicanos. "Castelo de Navalhas"» in *Vida Mundial*, n.º 1616, p. 61.

DIL, Fernando (7 de Agosto de 1970b): «Literatura colombiana. *Os funerais da Mamãe Grande*, de García Márquez» in *Vida Mundial*, n.º 1626, p. 62.

DIL, Fernando (8 de Maio de 1970c): «Romance colombiano. *Cem anos de solidão*» in *Vida Mundial*, n.º 1613, p. 59.

DOMINGOS, Paulo da Costa (1991): «O sal da terra» in *Ler*, n.º 15, pp. 54–56.

DONOSO, José (2008): *Casa de* campo. Lisboa: Cavalo de Ferro.

«Entrevista com Ricardo Cabaça: O mar e a selva invadem o palco em "Storni-Quiroga"». *Casa da América Latina*. Web. 8 Junho 2019 <http://casamericalatina.pt/2017/04/20/entrevista-com-ricardo-cabaca-o-mar-e-a-selva-invadem-o-palco-em-storni-quiroga>

EVEN-ZOHAR, Itamar (1981): «Translation Theory Today: A Call for Transfer Theory» in *Poetics Today*, vol. 2, n.º 4.

EVEN-ZOHAR, Itamar (1999): «La posición de la literatura traducida en el polisistema literario» in IGLESIAS SANTOS, Montserrat, *Teoría de los Polisistemas*. Madrid: Arco/Libros.

«Entrevistas a Jorge Luis Borges». *Vida Mundial*. 18 de Outubro de 1968. 57.

FERNANDES, José Manuel (2004): «100 livros, e tudo o mais» in *Guia de Leitura, Colecção Mil Folhas*. Porto: Público Comunicação Social SA.

FERREIRA, Serafim (1971): «Uma literatura desenvolta e comprometida» in *Narrativa Cubana da Revolução*. Lisboa: Presença.

FRANCO, Jean (2009): *Historia de la literatura hispanoamericana*. Barcelona: Editorial Ariel.

GARCIA, José Martins (15 de Fevereiro de 1974): «Os tambores de Rancas» in *Vida Mundial*, n.º 1810, p. 39.

GARCÍA MÁRQUEZ, Gabriel (8 de Dezembro de 1972): «Encontro com Pablo Neruda» in *Vida Mundial*, n.º 1748, p. 45.

García Márquez, Gabriel (1995): «Morte constante para além do amor» in *A Incrível e Triste História da Cândida Eréndira e da sua Avó Desalmada*. Lisboa: Quetzal Editores.

García Márquez, Gabriel (1977): «Muerte constante más allá del amor» in *La increíble y triste historia de la cándida Eréndira y de su abuela desalmada*. Barcelona: Barral Ediciones.

García Márquez, Gabriel (1993): *Olhos de Cão Azul*. Lisboa: Quetzal.

Hernández, Felisberto (2011): *Contos Reunidos*. Alfragide: Oficina do Livro.

«História da América Latina». *Vida Mundial*. 15 de Dezembro de 1967. 61.

Jornal de Letras. 12 de Fevereiro de 1997. 21.

Jornal de Letras. 2 de Abril de 2003. 42.

Jozef, Bella (Setembro de 1983): «Carta de Paris. A literatura latino-americana em debate» in *Colóquio/Letras*, n.º 75, p. 83.

Jozef, Bella (Julho de 1980): «*Introdução à Literatura Latino-Americana Contemporânea*» in *Colóquio/Letras*, n.º 56, p. 86.

Kovadloff, Santiago (Maio de 1974a): «Antologia de Pablo Neruda» in *Colóquio/Letras*, n.º 19, p. 83.

Kovadloff, Santiago (Setembro de 1974b): «Para despedir a Pablo Neruda» in *Colóquio/Letras*, n.º 21, p. 90.

Lambert, José (1999): «Literatura, Traducción y (Des)colonización» in Iglesias Santos, Montserrat, *Teoría de los Polisistemas*. Madrid: Arco/Libros.

Ler. Abril de 2009.

«Livros no mundo». *Vida Mundial*, 27 de Abril de 1973. 13.

Lopes, Óscar e Marinho, Maria de Fátima (dir.) (2002): *História da Literatura Portuguesa*, vol. 7. Lisboa: Alfa.

Lourenço, Eduardo (2004): «Eleitos» in *Guia de Leitura, Colecção Mil Folhas*. Porto: Público.

Lugones (1988): *Os Cavalos de Abdera*. Lisboa: Vega.

Marco, Joaquín (2004): «Entre España y América» in Marco, Joaquín, e Garcia, Jordi, *La llegada de los bárbaros. La recepción de la literatura hispanoamericana en España, 1960–1981*. Barcelona: Edhasa.

Machado, Álvaro Manuel (1973): *Introdução à Literatura Latino-Americana Contemporânea*. Lisboa e Brasil: Presença e Livraria Martins Fontes.

Martins, José Rui (1997): «Fazer teatro como quem vive, e não viver como quem faz teatro» in *A Lua É Um Olho Preto*. Tondela: ACERT.

Mastretta, Ángeles (1994): *Arráncame la vida*. Porto: Asa.

Medeiros, Nuno (2007): *Edição e editores portugueses. Prescrições, percursos e dinâmicas (décadas de 1940 a 1960)*, (dissertação de mestrado em Sociologia Histórica defendida na Universidade Nova de Lisboa).

«Miguel Ángel Asturias em Lisboa». *Vida Mundial*. 19 de Dezembro de 1969. 65.

Moura, Vasco Graça (2004): «A melhor receita» in *Guia de Leitura, Colecção Mil Folhas*. Porto: Público.

«O "verbo" de Octavio Paz». *Vida Mundial*. 29 de Maio de 1970. 60.

Ocampo, Silvina e Bioy Casares, Adolfo (2009): *Quem Ama, Odeia*. Lisboa: Oficina do Livro.

Oliveira, António Câmara (27 de Agosto de 1971): «Dois olhos - Duas paisagens» in *Vida Mundial*, n.º 1681, p. 51.

O'Neill, Alexandre (13 de Março de 1984): «Do lado dos hispano-hablantes» in *Jornal de Letras*, n.º 88, p. 12

«Opinião pública». *Ler*. Outono de 1993. 123.

«Ora, diga-nos... Dispõe de tempo para se cultivar?». *Diário de Lisboa*. 13 de Abril de 1967. 3.

«Ora, diga-nos... Qual o género de literatura que mais aprecia?». *Diário de Lisboa*. 9 de Abril de 1967. 3.

«Os intelectuais cubanos e o Poder». *Vida Mundial*. 10 de Abril de 1970. 60.

«Os latino-americanos em alemão». *Vida Mundial*. 10 de Novembro de 1967. 60.

Oviedo, José Miguel (2005): *Historia de la literatura hispanoamericana*. Madrid: Alianza Editorial.

Padilla, Heberto *et al.* (1971): *Cuba É Estalinista?* Lisboa: Iniciativas Editoriais.

«Pantaleão e as "visitadoras"». *Vida Mundial*. 31 de Julho de 1975. 5.

«Pássaro das noites». *Vida Mundial*. 17 de Março de 1972. 58.

Pedrosa, Inês (Novembro de 2010): «Somos todos espanhóis?» in *Ler*, n.º 96, p. 85.

Pina, Manuel (1964): «A propósito de Pablo Neruda» in Neruda, Pablo, *O Homem Invisível*. Porto: Afrontamento.

Pombeiro, João (Fevereiro de 2009): «Nuno Júdice escreve a qualquer hora do dia, sempre com Sophia, Zola e Borges por perto» in *Ler*, n.º 77.

Prado Coelho, Eduardo (2004): «O coleccionador» in *Guia de Leitura, Colecção Mil Folhas*. Porto: Público.

R., L. M. (2 de Outubro de 1975): «Joaquín Hinojosa» in *Vida Mundial*, n.º 1881, p. 6.

Reis, Carlos (dir.) (2005): *História Crítica da Literatura Portuguesa*, vol. 9. Lisboa: Verbo.

Revista, Expresso. 25 de Abril de 1987. 38.

Ribeiro, Raquel (11 de Maio de 2012): «Sinais de fogo na nova literatura cubana» in *Ípsilon. Público*, p. 11.

Rivera Letelier, Hernán (2010): *A Arte da Ressurreição*. Lisboa: Alfaguara.

Rodrigues, António (25 de Junho de 2011): «Manolo tardou 30 anos a deixar a ilha que já não era sua» in *i*, p. 6.

Rodrigues, Urbano Tavares (Novembro de 1986): «Três escritores franceses vindos de longe» in *Colóquio/Letras*, n.º 94, p. 98.

Said, Edward W. (2007): *Culture and Imperialism*. London: Vintage Books.

Santos, Diego Armés dos (2004): «*Diário de um* killer *sentimental*. Luís Sepúlveda» in *Guia de Leitura, Colecção Mil Folhas*. Porto: Público.

Saraiva, António José e Lopes, Óscar (1996): *História da Literatura Portuguesa*, 17.ª ed. Porto: Porto Editora.

Silva, José Mário (Maio de 2008): «Os 50 autores mais influentes do século xx e o que aprendemos ou devíamos ter aprendido com eles» in *Ler*, p. 49.

Sousa, Fernando (2004): «*Lituma nos Andes*. Mário Vargas Llosa» in *Guia de Leitura, Colecção Mil Folhas*. Porto: Público.

Tinianov, J. (1999): «Da evolução literária» in Todorov, Tzvetan (apres.) in *Teoria da Literatura*, vol. i. Lisboa: Edições 70.

Torres da Silva, Marisa (2004): «Paula. Isabel Allende» in *Guia de Leitura, Colecção Mil Folhas*. Porto: Público.

«Três tristes tigres». *Vida Mundial*. 15 de Maio de 1975. 5.

«Uma pergunta a Vargas Llosa». *Vida Mundial*. 29 de Junho de 1973. 56.

«Uma poesia empenhada» in Neruda, Pablo (1964): *O Homem Invisível*. Porto: Afrontamento.

V., M. A. (28 de Março de 1969): «Uma inesgotável riqueza verbal» in *Vida Mundial*, n.º 1555, p. 59.

Viale Moutinho, José (2006) in Guillén, Nicolás, *Sapinho e Sapão*. Porto: Arca das Letras.

www.angelus-novus.com/autores/detalhe.php?id=118

www.casamericalatina.pt/quem-somos/apresentacao/

www.livroscotovia.pt/autores/detalhes.php?id=242

www.livrosdeareia.net

www.mediabooks.com/catalogo/detalhes_produto.php?id=50520

www.sandra-sabanero.com